告訴你一位真實的佛陀
作者◎朱岩

引子

西元前五六五年的某一天，古老的喜馬拉雅山南麓，美麗的印度河之濱，森林覆蓋著的廣袤土地上，一個叫做迦毗羅衛的小國，迎來了他們新生的王子。

二十九年後這位王子仿效當時流行的出家生活，離開家進入森林尋求真理；經歷了六年拜師、苦修及禪定的生活後，他宣稱自己已經證道，並承襲歷代古佛的道統，成為徹悟萬法的佛陀。

此後四十九年的時間裏，他不遺餘力地宣說他的教法，直到八十歲時在森林中安詳離去。歷史似乎在此時此地永遠地關閉了鏡頭。

二千五百多年後的佛教寺院裏，佛陀釋迦牟尼的形象，被人們用最上等的材質、最精緻的工藝塑造出來，那安詳靜默的背後，卻透射出冷冰冰的孤獨感。因為那位有血有肉的人間佛陀，已經遠離我們。在我們面前的，卻是高高在上的「神靈」。他默默地接受著世人的禮拜、祈禱，甚至各種無理要求。他已經麻木了，完全變成了偶像。然而，凝視他那半睜半閉的眼睛，誰又能追憶當年佛陀那雙睿智的明眸呢？他已離我們遠去，就像定格在二千五百多年前的那個永恆的鏡頭。

可歎！現在的我們，要想追隨他的足跡，聆聽他的教誨，已不僅僅是讀幾部佛經，就能夠做到的了！

釋迦牟尼像

這尊造型精美的塑像，除了使用金、銀、銅等貴重的金屬外，還裝飾了大量的寶石。精湛的工藝配合高貴的材質，使得這尊高約四十公分的佛像光彩奪目，精美絕倫，其價值超過一萬美元。

目錄

壹、神祕國度中的誕生

殘酷的現實與優美的神話

釋迦牟尼所在的國家在當時是一個名不見經傳的小國。因為有考古學的證據，我們可以非常準確地推斷這個小國所在的位置。今天的尼泊爾與印度交界的地方，有一條發源於北部雪山的河流，它經過尼泊爾一直流入印度河。就是有名的羅泊提河，釋迦牟尼的祖國就位於這條河的北部，這個國家叫做迦毗羅衛國。

迦毗羅衛國是由十座小城（或稱聚落）組成，面積約三百二十平方里。在當時這十座小城都有自己的首領（城主），這些首領都有高度的自治權。

釋迦牟尼的父親所在的就是這十座城中的一座也叫做迦毗羅衛城，這座小城可以勉強地被稱為首都。可能是因為這十座城邦的首領，在歷史上屬於同一個部落或種族，所以為了加強相互間的關係及共同抵禦外來的軍事侵略，結成一個聯盟，推舉一位盟主作為他們的國王。有一點是值得我們注意的，在印度古代，「王」（音譯「羅闍」）的稱呼，既被用於國王，也被用作諸侯、部落的首領。（《佛陀與原始佛教思想》第二章 郭良鋆著）釋迦牟尼的父親淨飯王，就是這個角色。在佛經中我們可以了解到，這個國王的稱號，可能是世襲的。所以釋迦牟尼一降生，就被稱作太子，他的父親及其王國的貴族都無一例外地認為他將繼承王位。

因為是一種貴族共和制，所以國王的權利有限。遇到一些重大決策，都要通過各城邦貴族組成的議會，進行投票來決定，其實這種體制在兩千多年後的中國依然存在。明末努爾哈赤就曾以這種貴族共和制的方式，實行對後金政權的管理。他本人作為汗王，制訂了以汗王為首席，以五大臣、八大貝勒為首腦的政權結構。一般遇到軍政大事都由貴族舉行會議，以投票方式來決定，大家甚至可以通過投票廢輟汗王。所謂「並肩同坐，共議大政，斷理訴訟，舉廢國汗」。（《正說清朝十二帝》閻崇年著）這是一種初期的民主制度，在一些比較原始的部落或游牧民族中，一直被採用。再如西藏的「鍋莊聯盟」也屬於這種貴族共和制。

這種原始的民主制度，對於釋迦牟尼具有很深的影響。他成道後，在佛教僧團內部一直實行這種制度。所不同的是，他的僧團裏既沒有貴族，也沒有王，種姓制度在僧團中也被廢止。他本人只是導師，僧團內部重大事務，都由全體僧眾們通過投票來決定，這些我們後面還會談到。

迦毗羅衛國和其他的貴族共和制國家一樣，在不得不與那些強大的君主制國家發生戰爭之後，地盤萎縮、實力衰弱，長期以來一直處於一種低靡狀態。後來被迫臣屬於當時十六國中三強之一的拘薩羅。作為宗主國，拘薩羅成為它在國際事務中的保護傘。

釋迦牟尼成道前曾親口對摩揭陀國國王頻婆娑羅談到自己國家的情況，他說自己的國家屬於拘薩羅，甚至都沒有提到迦毗羅衛的名字。（巴利三藏《集經》）從這一點上看，在當時迦毗羅衛作為國家名義上似乎還存在，但實際上已經失去了獨立，成為強大國家的附庸，這可能就是當時的實際情況。

這個時期在印度古代史中被稱作「列國時代」，或「十六國時代」。十六國之間一直處於混戰狀態，很像我們的春秋戰國時期。到了釋迦牟尼晚年，他的祖國最終還是被拘薩羅徹底兼併，他的族人遭到殘酷地殺戮，這就是當時的實際情況。與我們所熟悉的佛經中對於釋迦牟尼國家的描述，相差很遠。佛經中對迦毗羅衛國的富庶與強盛，都曾做過非常具體的描述，這很可能是被後來的經典誇大了。

佛經中的誇大，是很常見的，尤其是對釋迦牟尼出生情況的描述。經中說釋迦牟尼生於母親的右肋，剛剛出生就能獨立邁出七步，觀察各方。他踏過的足印，立即幻化出美麗的蓮花。然後他一手指天，一手指地，做獅子吼道：「天上地下唯我獨尊！」這就是「七步蓮花」的典故。不僅如此，經中還借用阿難（佛陀大弟子）之口，用了大量的篇幅描述他從兜率天降入母胎，直到誕生前的所有經過。據經中記載，當他進入母胎時眾天神、眾魔、眾梵天以及眾沙門、眾婆羅門、眾王和眾人的世界大放光明，甚至日月照不到的地方也會放出光來，勝過眾天王的光輝。大千世界震動、抖動和晃動。（《中阿含經》第八卷《未曾有法經》）可見這位菩薩（指釋迦牟尼）入胎，不僅驚動了天上，也驚動了人間。這種突然間異常的「地震」、「放光」等現象，還會在今後他降生、成道、說法、涅槃等關鍵的時刻出現。之後四天王前來守護四方，保護他的母親不受人類與非人類的傷害。

當他降生的時候，首先接他的不是人，而是諸天神，他出母胎時沒有直接落在地上，而是由四位天神接住放在他母親面前，四位天神還手執「極細衣」（精細而柔軟的衣物）立於母子面前，準備為剛剛出生的嬰兒穿戴。這位嬰兒從入母胎直至降生，始終沒有受到「血」、「精」及各種不淨物的污染，在這裏「血」、「精」顯然是指出自於母親與父親身上的生命元素。此時地上生出一方水池，「其水滿岸」，虛空中兩道雨水注下，一涼一暖，沐浴著剛剛出生的小王子。（《中阿含經》第八卷《未曾有法經》）

據說後來釋迦牟尼為弟子們描述過去佛毗婆屍降生的過程時，同樣使用了非常類似的描述，並且強調這是所有菩薩入胎降生的共同現象。（《長尼迦耶》第十四《大本經》）由此看來，這些描述很可能出自遠古，被重視神話的古印度人一代一代地傳承並保留下來。這種神話般的描述，在佛經當中用「到處充斥」來形容並不過分。因為在古代印度，神話替代歷史是一種常見的現象，所以經中出現這些描述也就不足為奇。

其實這並不是佛經的獨創，在同時期或更早的其他教派的經典中，將神話傳說當作真實事件加以記載的情況都很常見，這也是當時歷史環境下的特殊產物。在佛教早期的經典中，神話色彩反而不如後期經典中那麼濃重，相比之下倒顯得更加樸實一些。那麼這些神話描述是否出於釋迦牟尼之口，我們無法斷定，因為我們在早期經典（巴利文三藏）中，並沒有見到一處釋迦牟尼對自己誕生情況的自述。（《佛陀和原是佛教思想》第二章第二節：佛陀誕生 郭良鋆著）

此外，經典中對釋迦牟尼入母胎之前的情況，也做了有聲有色地敘述。據說由於眾天神們的乞請，菩薩（指釋迦牟尼）決定下降人間拯救眾生之苦。於是他開始考察什麼時候降生？降生在什麼樣地方？什麼樣的家庭？選擇好以後，他在兜率天為眾天神講了最後一次法，並指派彌勒菩薩接替他的位置，成為未來佛的候補。後來眾天神們商議決定，讓他化身為「六牙白象」入母胎。與此時同，在人間，摩耶夫人也徵得丈夫淨飯王的同意，單獨於宮殿頂樓守戒（獨居）七夜。

佛陀出生地的中國寺院「中華寺」

一九九八年中國佛教協會出資，在佛陀出生地蘭毗尼興建的「中華寺」竣工，這一年，正是釋迦牟尼誕辰二千五百六十三年。

夫人在這期間，夢見這頭「六牙白象」從右肋入胎。（《神通遊戲》）可見這位菩薩入胎前，對自己將來的情況都做了詳細地安排，同時還安排他的母親守戒七日，以表明菩薩不是依情欲而生，從經中「不為血所汙，亦不為精及諸不淨所汙」（《中阿含經》第八卷《未曾有法經》）來看，菩薩甚至可以不需要父母的經、血，就可以結胎，換句話說這個生命完全是天生的，只不過是要依賴母胎孕育十個月而已。這倒讓我們聯想起《聖經》中關於瑪利亞以處女之身懷孕生出耶穌的記載：「他（耶穌）母親瑪利亞已經許配了約瑟，還沒有迎娶，瑪利亞就從聖靈懷了孕。她丈夫約瑟是個義人，不願意明明地羞辱她，想要暗暗地把她休了。正思念這事的時候，有主（上帝）的使者向他夢中顯現說：『大衛的子孫約瑟，不要怕，只管娶你的妻子瑪利亞過來，因為她所懷的孕，是從聖靈來的。她將要生一個兒子，你要給他起名叫耶穌……。』」（《新約全書》馬太福音．耶穌的家譜．第一章）其實考察一下世界各種原始宗

彌勒說法圖（局部）壁畫 佚名

端坐中央的就是彌勒菩薩，他正在為兜率天的眾生們說法，傳說他將繼釋迦牟尼佛之後降生人間成為未來的佛陀。圖中這位帶有濃重印度、伊朗色彩和造型特點的「未來佛」，後來也被中國人按照自己的理解，塑造成「大肚能容」的布袋和尚，成為漢傳佛教造像中身材最為肥胖的一尊佛像。

五臺山佛塔

教，我們不難發現，有關那些神祇們出生的傳說，都會表現出一種不同尋常的神奇與怪異。希臘神話中的宙斯就曾幻化成天鵝，使正在沐浴的少女懷孕而生出兩枚卵，後來孵化出兩對孿生子女；中國古代有關伏羲誕生的神話則更加離奇，說他母親因踩踏了聖跡而生出伏羲；就連老子也是因為李母吞服了「五彩天珠」，而懷孕降生；印度古代也有梵天孵化於金卵中的記載。

但值得注意的卻是，基督教從來都毫不含糊的宣稱自己為「一神教」，而佛教從誕生那一刻起，就宣告將自己的學說與各種神教劃清界限。在釋迦牟尼時期，他的覺悟之道與上帝之神教始終是涇渭分明的。這個離開父母因緣而投胎降生的故事，顯然不符合釋迦牟尼成道後所宣說的緣起（因緣）法則。他曾對弟子們說：「人生在世，父母為親，非父不生，非母不育。」（《佛說父母報恩經》）也就是說，沒有父親與母親的共同參與，就不會有兒女的出世。此外，還有一件事情是肯定的，那就是這位未來的導師，是一位神秘主義的反對者，在他的學說中這一點曾被反覆地加以強調。即便如此這些有關釋迦牟尼入胎、降生的各種傳說，並不讓我們感到意外，因為佛經作為一種說唱文學的形式，於釋迦牟尼滅度後的五個多世紀裏，在印度甚至中亞與南亞很多地區流傳，直到西元一世紀才開始形成文字。所以我們完全有理由相信，作為佛教經典，在大約五個多世紀的傳唱中肯定會發生一些變化，只是這種變化的過程與程度，我們無法給予簡單地斷言。原始經典尚且如此，那些後期陸續出現的經典就更難說了。其實經中的記載可能是真假雜糅的，我們不妨參考一下，去除那些可能被誇大的部分，盡量還原相對的真實。

互不相識的聖人們

釋迦牟尼的母親叫做摩耶，是淨飯王的一位妃子（並非王后），她來自與迦毗羅衛城相鄰的一座叫做天臂的小城，她是城主的女兒。天臂城也是十座小城中的一座，兩座小城之間，在歷史上一直保持著聯姻關係。佛經中記載這種聯姻關係到釋迦牟尼時還保留著，後來淨飯王為釋迦牟尼迎娶的耶輸陀羅也出自天臂城主的家族。

這是當時這一地區的習俗，女人到了產期臨近時，要回到娘家去分娩。據記載摩耶夫人回娘家的路上經過蘭毗尼花園時，見到園中優美的景色，決定停下來稍事休息，這座花園位於迦毗羅衛城東四十里。蘭毗尼在當時未必是一座專門修建的花園，很可能是一處風景宜人的野外場所。夫人乘車走到這裏時，感到有些不適，臨時決定休息一下，在欣賞奇花異草的同時，她感到陣陣的腹痛。

釋迦牟尼就降生在這座美麗的花園中，這很可能是一個意外。經中曾提到一般的婦女懷孕九至十個月，就要分娩，但作為「菩薩」的母親則必須滿十個月，才會生產，而且這是「菩薩」們降生的慣例。（《佛陀和原是佛教思想》第二章 第二節：佛陀誕生 郭良鋆著）這樣說來，釋迦牟尼應該比普通人在胎中孕育的時間更長。按照常規，他的母親早該做好準備回到娘家，但是這一突然降生的情況卻在她的預料之外。從這一現象分析，她很可能是早產，詳細的情況我們已經無法考證。經中說摩耶是手攀著「無憂樹」，站立著生下小王子的，這可能是強調生產過程非常輕鬆而沒有痛苦。但從摩耶生下王子七天後，就離開了人世這一點上分析，生產狀態很可能是非正常的。

經中對於摩耶的早逝有多種說法：其一、摩耶夫人生下這樣一位偉人後，不宜再享受愛欲（《大事》）；其二、生下王子後，夫人的子宮不宜再被別人佔用（《因緣記》）；其三、見到所生之子「體態洪滿，相貌端正」因此「不勝其快」，也就是因高興過度，而離開人世，這是較早的說法（據一切有部經典記載）；其四，由於生了「菩薩」（指釋迦牟尼），所以母親必然短壽，

摩耶之夢圓形浮雕（西元前二世紀）

正在休息的摩耶，夢見一隻六牙白象通過右肋進入母胎，而後懷孕。

因為母親不忍見將來王子出家，所以早早離開（《神通遊戲》）；其五：生下王子後，天定的任務完成了「不勝諸天之力，而形影消瘦」以致離世。明煬法師在他的《佛法概要》中還有這樣的敘述：「當太子誕生以後，經過了七天，他的母親摩耶夫人，因為生了一位大福大德的釋迦牟尼佛，福德智慧是大大地增長，依因感果，就生到忉利天。」以上說法，沒有一處將這位母親的早逝，與生育本身掛上鉤的，相反都一無例外地與神話扯上了關係。筆者認為這些說法，很可能是為了神化釋迦牟尼的出生情況，而把本來不幸的事件，附會成讓人們便於接受的神話，這類美麗的神話，發生在當時的印度並不稀奇。

據經典中描述，淨飯王夫婦年歲很大一直膝下無子，後來摩耶夫人懷孕時已經四十四歲了。如果這一記載不是有意誇大的話，不用說在當時，就是在醫療技術異常發達的今天，她也算是一位高齡產婦了。如果被送到醫院，醫生要做的第一件事，一定是讓她的家屬簽署一份有利於免除院方責任的「高危產婦通知書」，所以這種危險狀況是可想而知的。更何況半路上突然發生這種情況，後果就更加不堪設想了。摩耶不幸早逝，很可能與高齡生產而併發了一些危險症狀有關。這一年是西元前五六五年。

釋迦牟尼的誕生，可以被看作是世界文化史上的一件大事。無獨有偶，就在這一年，當時的希臘也誕生了一位未來的聖哲，他就是色諾芬尼。他被認為是泛神教思想向一神教思想過渡的橋樑似的人物，被稱為宗教信仰者中的第一位一神教信徒。「色諾芬尼相信一神，這個神在形象上和思想上都與人不同」神可以「以他的心靈力量左右一切而毫不費力」（《西方哲學史》第四章〈英〉伯特蘭．羅素著）他反對人們將「神」描繪成人的樣子，因為在他看來，獅子、馬等動物如果有手，能夠創造藝術品的話，同樣會把「神」畫成與牠們自己類似的樣子。這位聖哲還被尊為

老子像 木刻版畫

這位被後世中國人神化了的聖賢，成為道教的最高神祇——太上老君，因為他姓李名耳，也被稱做「李老君」。傳說這位聖賢曾將自己的思想撰寫成五千字的論著《老子》，或稱《道德經》，道教也稱為《南華經》。圖中的李老君一臉的老成怪異，很容易讓人聯想到那些充滿陰謀奸詐而油滑的「老壞蛋」，然而真實的老子，是否這等怪像則大可值得懷疑，因為在五千言《道德經》中，我們除了能夠體會到他的智慧與通達外，似乎找不到一絲與陰謀相關的內容。

哲學家、詩人和宗教評論家。就在前述的這位聖哲十四歲那年，西元前五五一年（周靈王二十一年，魯襄公二十二年）春秋時期魯國陬邑昌平鄉（今山東曲阜城東南），也誕生了一位未來世界級的聖人，他就是孔子；如果傳說可信的話，在釋迦牟尼誕生前的第六年，即西元前五七一年（周靈王元年），中國的另一位聖人老子誕生於春秋時楚國苦縣仁里村（今河南鹿邑）。

有了這些年代的記載，我們可以輕而易舉地得出一些結論：釋迦牟尼比老子小六歲、比孔子大十四歲、而與色諾芬尼同歲。也許這些世界級的聖人們都集中在西元前六世紀誕生，是一種純粹的歷史巧合。有趣的是有關老子出生及其母受孕的神話，竟與釋迦牟尼的傳說十分相似。據道教後期經典記載李母（老子的母親）因服食了自天而降的「五色珠」而懷孕。（《史記．唐．張守節正義》引《上元經》）這一不尋常的受孕，竟使李母受了八十一年的妊娠之苦，八十一年後的某一天，李母來到「逍遙樹」下，割開自己的右腋生出了老子。（《史記．唐．張守節正義》引《玄妙內篇》）這些記載明顯受到佛教經典的影響，只是六牙白象變成了五色天珠、十月懷胎變成了漫長的八十一載、「無憂樹」變成了「逍遙樹」、肋下出生變成了腋下。這些記載，大概是後來「佛道大戰」的產物。我們可以知道，佛教傳入中國後，與道家、道教之間曾發生過非常有趣的「鬥法」現象，這種情況持續了幾個世紀，在這段時間裏，兩家的門徒，都在原有的基礎上，不停地創造著自己的「神話」，釋迦牟尼與老子作為兩家的教主，被他們的後世門徒們毫不負責地任意神化著，以至使得兩位「神」在那些門徒們的操縱下，相互間「打」得不可開交，再後來他們之間不僅被附會成師徒關係，甚至成為相互轉世的關係。然而這幾位同時代的聖人們，在當時卻互不相識。

大約七百多年後釋迦牟尼的思想傳到中國，和與他同時代老子、孔子的思想隔著時空進行了激烈的碰撞後。將近兩千多年的歷史中，以這三位聖人為旗幟的儒、釋、道三家學說，在華夏大地上完成了人類文化史上最富戲劇性的交流、融匯過程，形成了中國的主流文化，影響著整個東亞、北亞及南亞的部分地區。

孔子像臨（南宋）馬遠繪本

圖中的孔子衣冠整齊，拱手而立，上身略微前傾，表情謙遜，明顯突出的額頭，展示了中國畫家對於智慧、福德等形象化描繪的老套路，顯然古人已經清楚地認識到腦容量的大小決定了人的聰明程度，以至於這種程式化的手法經常被用於智者、聖賢形象的塑造中，但是值得讚賞的是，畫家躲避了浮華的筆調，使得畫中樸實的孔子形象更加接近他真實的人生經歷。

土著人的王子

回過頭來，我們還應該了解一些與釋迦牟尼身分有緊密關聯的細節。我們現在可以非常肯定地知道，釋迦家族所屬的人種並不是八百年前闖入印度北部的亞利安人。我們知道這個地區在亞利安人進入前，就已經存在許多不同的種族。更何況到此時為止，純種的亞利安人還集中在西部的旁遮普地區，他們沒有大規模地進入東方，很可能是為了保持人種的純正。但是據佛經記載，釋迦家族歷史上卻來自於東方。我們很容易注意到，佛經中「佛出東方」的記載，不僅釋迦牟尼自稱家族出自東方，就連過去諸佛也同樣出自東方。後期大乘經典更強調東方曾有恆河沙數的佛出世。（《佛說阿彌陀經》卷八）

三教圖（明）丁雲鵬繪 紙本設色

儒、釋、道三家學說的創始人，經常會被後世的中國人隔著時空請到一起座壇論道，並借用他們的嘴，探討著與他們自家原始學說不甚相干的事情。圖中的釋迦牟尼似乎正在與老子、孔子進行探討，也許正在進行不乏禮貌的相互辯論，君子們在一起，顯然都是正襟危坐目不斜視。其實中國人很早就將三家的學說融會貫通，使其最終形成中國文化的支柱。

有人推斷釋迦族為蒙古人種，因為佛經記載釋迦牟尼的膚色為「金色」。這種推斷有可能

千佛 大足北山一五五號 北宋

大乘佛教打破了原始佛教「過去七佛」之說，佛的數量開始不斷增加，由於「佛性」說的出現，三世佛的說法也越來越普遍，所以就有過去、現在、未來諸佛之說，因為過去與未來從時間與空間上都可以推至無限，所以不同時期的成佛者就形成一個被比喻為如同恆河沙一樣不可勝數的天文數字。

流於武斷，因為東北亞大部分地區的住民，都是蒙古人種，包括中國、日本、朝鮮、韓國等。所以中、日、韓的很多佛教學者傾向於這種觀點（英國歷史學家史密斯Vancent A. Smith也持這種觀點。），可能與人種上的歸屬感相關。說釋迦牟尼與我們同宗同祖，更拉近了與這位佛陀的距離。據此上個世紀六十年代，日本導演三見犍二還專門拍攝了一部介紹釋迦牟尼生平的故事片《釋迦》，劇中包括釋迦牟尼等主要人物全部由日本人出演，給人們留下了更深的印象。此外唐代著名的玄奘大師也在幫忙說話，他在《大唐西域記》中說，釋迦族所在的地區，是蒙古人的聚居地。但有一個問題可能是不可辯駁的事實，那就是有史可尋的蒙古人最早進入印度的記載，是發生在釋迦牟尼滅度幾百年後的事情（貴霜王朝時期）。更何況玄奘造訪印度時，釋迦牟尼已經滅度千餘年了，所以筆者對此種說法自然存疑！

還有一種說法認為釋迦族就是古印度土著人種，甚至有些學者還有聲有色地描述他的膚色為棕色、毛髮綣曲身材魁梧等。這些特點，從犍陀羅時期的佛教造像中可以找到一些感覺，但這並不表明，犍陀羅造像全部具有這些特點。犍陀羅造像，是佛教造像的開始。此前，佛教並沒有偶像，因為釋迦牟尼在世時，就嚴格禁止偶像崇拜。

早在釋迦牟尼時期，弟子們對他的禮節，反而非常簡單，據說弟子們見到釋迦牟尼，頂禮佛足就可以了（所謂頂禮佛足，就是親吻釋迦牟尼的足，也有說用頭碰一下佛的足。）。頂禮佛足，可能代表對他佛法實踐的信心和他所得成就的尊重。後來有些不易見到釋迦牟尼的弟子，為了表示對導師的尊敬，就頂禮他所踏過的「足印」。這種頂禮尊者腳足的禮節，很可能不是佛教的獨創，更可能是當時比較常見的一種表示尊敬的禮節，它可能被使用於臣民對國王、晚輩對長輩、俗人對出家人的一種尊重。這一禮節很可能一直流傳下來，以致在現代的印度，還能見到它的痕跡，我們常常可以見到晚輩

玄奘西行

他是一位倔強的行者，同時是一名偷渡出境者，因為不這樣，就不會有後來名垂史冊的高僧玄奘、就不會有唯識學與法相宗的弘揚，他被稱為人類文化的奇蹟，他的《大唐西域記》也成為印度古代史研究的重要資料，因為他在西行求法的過程中，將印度的部分歷史和所見所聞記錄成漢文保留下來，使印度人的後代們能夠更加方便地還原他們的歷史，當然這並不是玄奘的有意為之。

見到長輩後，一般都會俯下身體用手去摸長輩的腳，作為回應長輩們往往會用手撫摸他們的頭，這種回應的「摩頂」禮節，往往伴隨著長輩對晚輩的各種期望與祝福，當然這些期望與祝福的一旦出自婆羅門、沙門甚至佛陀之口，就被賦予了特殊的意義。但是如同現代的三拜三叩之禮，在當時並沒有記載，很可能是後期發展出來的。

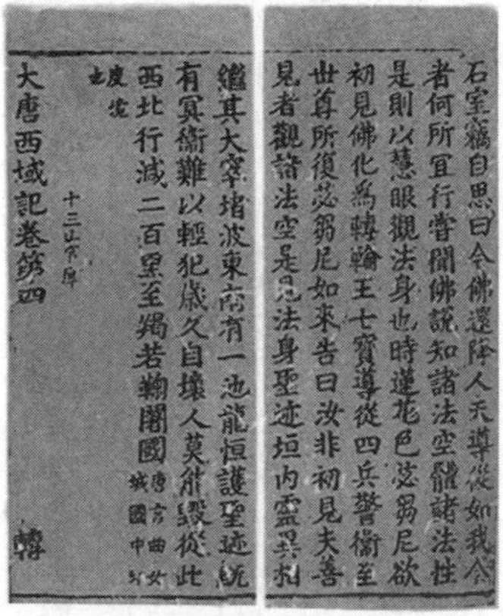
石室竊自思曰今佛還降人天導從如我今
者何所宜行當聞佛說知諸法空體諸法性
是則以慧眼觀法身也時蓮花色苾芻尼欲
初見佛化爲轉輪王七寶導從四兵警衛至
世尊所復苾芻尼如來告曰汝非初見夫善
見者觀諸法空是見法身聖迹垣内靈異相
繼其大窣堵波東南有一池龍恒護聖迹靗
有冥衛難以輕犯歲久自壞人莫能毀從此
西北行減二百里至羯若鞠闍國唐言曲女城國中印
度境
大唐西域記卷第四

《大唐西域記》書影

佛陀滅度後，人們按照印度傳統的習慣，建窣堵波（即舍利塔，是一種類似墳墓的建築，底部為長方形，上方為半球形頂，頂部還設有華蓋。據說古代印度國王都採取這種方法建造墳墓）供奉，也會將他所踏過的足印，及代表他覺悟的菩提樹等進行供奉，這也是印度古老的習慣。一直到幾百年後，佛教信仰的熱門地區犍陀羅（現在的阿富汗境內），才開始塑造佛像。因為當時的犍陀羅，是希臘人統治的國家，他們接受佛教後，為了表示對佛祖釋迦牟尼的尊敬，開始按照希臘人塑造神像的方式塑造佛像。以至於形成一場曠日持久的運動。這也就開了佛教偶像崇拜的先河。佛陀形象的出現不僅標誌著原始佛教傳統的中斷，更標誌著一種新藝術的誕生。（《佛教》〈法〉亨利．阿爾馮著）由此我們可以看到這樣一道軌跡，佛教的初期階段重視教理的理解，信徒們自行承擔起解脫實踐的任務，將釋迦牟尼視為

禮拜佛陀足印 大理石浮雕 約西元二世紀

幾位婦女正在頂禮一個寶座和一個代表佛的「足印」，這是佛教初期一種原始的禮儀。很顯然，此時還沒有可供禮拜的佛像等物，同時我們可以注意到這些婦女們的跪拜姿態比較隨意，有雙膝著地，也有單膝著地的，下拜的動作與漢傳佛教也有相當的區別。

導師（也稱教主），加以尊重；而後期的佛教則重視外在的宗教儀式，信徒們將解脫實踐的任務推到釋迦牟尼及其諸佛、菩薩的身上，視他們為威力無比的「神」，並竭盡全力加以崇拜，使得這種單純的崇拜替代了以往各類以實證目的為主的修學實踐，以致令崇拜形式本身達到了極至。

後來造像藝術隨佛教一同傳入中國。有趣的是中國人最早接觸的不是佛教本身，而是「金人」（佛像），因為在當時的歷史條件下（漢、魏時期），佛教的真正教義並不明朗。所以依附道教及其他民間鬼神方術學說，以佛像作為崇拜對象，真的讓這位被當時人們稱作「胡神」（當時的中國人認為佛像來自西域，把佛像當作神像，所以稱之為胡神——筆者注）的佛陀形象，著實稀裏糊塗地風光了一陣子。生前極力反對神仙道法的釋迦牟尼，也在他滅度七百多年後，被當時的中國人奉為「神明」，接受著他們習慣的鬼神方術與膜拜祭祀。漢代針對黃老的祭祀非常盛行，以皇帝、貴族為首的上層人物，將這些活動正式納入國家政治生活中。所以佛教作為一種被當時人認為的外來「方術」，尤其是那些製造精美的

「金人」，也就理所當然地被混同於黃老之像，被中國人當做另一方神明，加以膜拜、祭祀，而且這種祭祀活動得到了帝國皇帝的支持與推動。「浮屠」（佛教）作為祭祀對象也在中央政府的權威文件——詔書中，得到與黃老祭祀同樣的肯定。（《後漢書》楚王英傳）這種現象在中國延續了幾個世紀後，佛教才開始慢慢脫離神仙方術而獨立出來。我們可以想像一下，如果沒有佛像，佛教傳入中國這一足以改變亞洲乃至世界歷史的事件，還會不會發生？抑或會不會再延後幾個世紀呢？不過犍陀羅造像藝術源於希臘，強調寫實主義手法。雖然它從藝術上照搬了希臘「太陽神」的很多外在形式，但終究與希臘造像有所不同，所以筆者猜測，其造像應該比較接近佛陀的真實形象，當然這並不表示所有出自這一地區的佛像都有這種代表性。

據佛經記載，釋迦牟尼宗族的歷史可能非常悠久，一直可以上溯到高貴的甘蔗王（但甘蔗王是亞利安種族，初居印度河側，後來東下立國於雪山之麓。），這種說法被後來的史家們推翻。（《印度之佛教》第二章 印順著）佛經中經常提到「佛出東方」。這顯然說明佛陀的家族絕非亞利安人種，當時東方的許多大國都是半亞利安、半土著人種，包括迦毗羅衛國所依附的那個拘薩羅國。雖然經中提到釋迦族常稱自己與拘薩羅人同族，但從一次拘薩羅國王向釋迦族索婚的事件上，就看出問題了。嫁女和親原本是弱國討好強國的手段之一，但送上門來的好機會，卻使釋迦族人一籌莫展。經中說他們沒有與異族通婚的習慣，不肯將自家女兒下嫁。但是，拒絕只

佛陀頭像 西元二－三世紀 出自一座犍陀羅時期的窣堵波

這雖是一件尚未完成的半成品，但並不影響我們對其風格的研究，典型的印度式鬍鬚提醒我們，這是以當時南亞人為原型塑造的作品。

能是死路一條。結果他們竟然將一位婢女包裝成釋迦公主搪塞了事。後來此事敗露，多年後竟釀成釋迦族亡國滅族之禍。（《五分律卷二十一》）由此來看，與拘薩羅人同族之說，純屬是礙於政治上的壓力而有意攀附的行為。從這一點上看，釋迦族本身是有別於當時人種已經混雜的拘薩羅人的，所以他們可能是來自東方古老而純正的土著人種（印順法師認為，拘薩羅是亞利安人種，而釋迦族是與他們不同的蒙古人種，由於不能徹底接受亞利安人的文化，所以被他們滅亡。——參見印順著《以佛法研究佛法》．釋尊時代的印度國族一章。）。這些土著人種在漫長的歷史進程中，始終延續和傳承著自身的文化，這些文化可能一直保留著亞利安人進入印度次大陸前古老文明的特色。因為這一來自東方的民族很可能在西遷的過程中，開始逐漸與亞利安人，及其他人與土著人的混血們打起交道來。在他們的眼裏，這些白色人種及其混雜人種顯然屬於異族。據佛經記載，釋迦宗族在歷史上是一個尚武的民族，他們得以從東方而來，很可能是倚仗自身的武力。因為經中記載，釋迦牟尼時期，他們的宗主國拘薩羅，曾將未來的太子送到迦毗羅衛國向釋迦族的武士們學習各種武術。釋迦牟尼做為未來王國的繼承人，年輕時也曾受過嚴格地武術訓練。從這方面講，釋迦族的國家雖然已經被迫淪為拘薩羅的附庸，但骨子裏的傲氣卻始終不減，從這次索婚事件上，足以表現出他們對於拘薩羅國這個異族政權的藐視。所以從淨飯王一直到整個宗族，對這位悉達多王子寄予重振祖先雄風的厚望，雖然有些不切實際，但也是可以理解的。

白色帝國的崩潰

佛教的產生不僅與釋迦牟尼本人相關，更與印度古代的大歷史相關。歷史上無論哪位偉人的出現，都離不開他身後的社會、文化等背景。這種背景甚至要上溯一兩千年。前面曾反覆提到的亞利安人，與土著人之間到底發生過什麼樣的故事呢？我們有必要對這段歷史進行一些粗淺的了解，有助於我們更好地分析當時的歷史與文化背景。

就在這位偉大的佛陀誕生前的八百年左右，古老的印度大地上曾出現過一個強大的帝國，這個帝國後來被歷史學家稱作「月朝保拉法」，（《印度佛教史》英 渥德爾著）它統治著很多亞利安人的王國和部落。隨後的幾個世紀裏這個帝國的統治者一直有效地控制著他們，這個王朝的主人就是膚色白淨的亞利安人。（此時相當於中國的殷商時期。商約為西元前一六〇〇—西元前一〇二八年，殷約為西元前一三〇〇年—西元前一〇二八年——筆者注）。

其實這些白色的人種，原本並不屬於這塊土地。因為，在此前的第四個世紀，這塊土地上的那些身材矮小、鼻子扁平、皮膚黝黑的達羅毗荼人，還在享受著他們幾個世紀以來，在印度河流域創造的無與倫比的古代文明。然而美夢很快被那些來自西亞的白色人種徹底擊碎。這些白色人種，來自於俄羅斯南部與南烏克蘭草原，他們原屬北歐日耳曼人種。遠在幾個世紀前，他們就開始進行著有史以來大規模的民族大遷徙。因為他們是原始的游牧民族，逐水草而居的習慣，使他們世世代代追隨著豐厚的草地。這些原屬歐洲的民族，在隨後的幾個世紀裏，不停地向東南遷移。從中亞向東南行進的過程中，部落內部很可能出現了一些問題，導致部族的分裂。此後一支進入了當時的古波斯（現在的伊朗），另一支則繼續東進，大概到西元前十七世紀前後，他們已經逼近了這塊被後世稱作印度的古老的南亞次大陸。

隨後幾個世紀裏，北印度的土地上，席捲著陣陣白色的旋風。他們開始襲擊並摧毀土著人的城市與聚落、掠奪財富。他們尤其痛恨那些人工灌溉系統，每每見到，都要毫不猶豫地將其摧毀。有趣的是，亞利安人竟然在他們最早的經典中，用浪漫的筆調描繪他們釋放牲畜、摧毀

城市、破壞水利設施等偉大的「解放事業」。（《梨俱吠陀》）

歷史就這樣無情地宣告一個低文化的野蠻民族，以武力征服了一個高文化的先進民族，漫長的戰爭最終是以土著人的臣服而告結束。落敗的土著人大部分逃避到南印度，北方的遺民們也只能淪為白人的奴隸。正如美國學者斯塔夫理．阿諾斯所說：「雖然印度河流域的土著居民已遭到征服、受到鄙視，但由於他們人數眾多，文化又很先進，所以不能被滅絕、趕走或同化，使原先的文化留存無幾。相反地，當亞利安畜牧者在那裏定居下來、改營農業時，他們不得不與原先的居民靠得很近地生活下去。這樣和平共處和互通婚姻達數世紀之後，其必然結果是文化融合。」（《全球通史》第九章：印度文明〈美〉斯塔夫理．阿諾斯著）文明總是吸引人的，亞利安人由對土著人生活方式的拒絕，逐漸變成了接受，進而開始學習與繼承原有的文明。他們本身也由侵略者搖身一變，成為這塊土地上的統治者。

亞利安人從西方帶來的原始神靈，也開始與土著人的神靈相互混和，取長補短，形成了後來婆羅門神教的基礎成分。此外他們帶來的一種新的語言也開始在這塊土地上漸漸進化。這就是亞利安人所說的「吠陀」語言，也就是初級形式的「梵語」，這種語言隨著亞利安人統治地位的確立，逐漸成為官方語言。其實亞利安人的原始神靈，完全是功利主義的。他們崇拜的眾神中，有一位叫做「因陀羅」的戰神，或稱為「閃電之神」，他還有一個別名叫做「城市摧毀者」（《梨俱吠陀》）。他們相信這位神的力量幫助他們一路征服，一直到戰勝了這塊土地上的土著人並不斷擴充自己的領地。很明顯，這位「神」完全是為他們的野心而存在的。

游牧民族能夠拿出最好的禮物，就是牲畜的肉，取悅於神靈的最佳方式，就是殺牲獻祭了。這種祭祀活動後來演變成專門的宗教儀式。有趣的是，吠陀時代的亞利安人與我們中國人一樣，具有祖先崇拜的傳統。他們在很早以前，就將祭祖活動寫進他們的典籍中。《梨俱吠陀》中有這樣的描述：「三代之祖先（此處使用了pitris，這個詞可以譯為列祖列宗），行將起行……應我等之籲求，福蔭呵護。敬拜遠祖、近祖，敬拜安居冥府、置身樂土的親人……啊，蒿草之上的先人，萬望予以眷顧。我等之燔祭，恭請享用，萬望福佑子孫，萬望驅邪禳厄。」（《世界各民族歷史上的宗教》第十五章〈蘇〉謝．亞．托卡列夫著）看來，在亞利安人的觀念中，死去的祖先們，都會置身於美妙的樂土，他們的眷顧可以給後代子孫們帶來各種福祉。所以用祭祀的方式取悅他們，使子孫們得到祥和幸福的生活，成為一種必不可少的工作。除了對祖先們的崇拜以外，這一時期中，吠陀的崇拜對象仍是

青銅神塔（頂部殘缺）西元十世紀 比哈爾地區

以自然物為幻化的諸神，屬於泛神崇拜。

後來逐漸定居下來的的亞利安人開始轉向農業，他們自然開始到土著人的信仰中去尋找他們需要的神祇，漸漸地屬於兩種文化融合的產物——「三大神祇」，在亞利安人的宗教中出現了。他們是創造之神「梵天」；仁慈的保護之神「毗濕奴」；毀滅之神「濕婆」。從考古發現的結果看，濕婆神的類似形象在亞利安人進入印度前就已經存在，這顯然是亞利安人拿來主義的產物。（《全球通史》第九章：印度文明〈美〉斯塔夫理．阿諾斯著）

回過頭來，我們不要忘了亞利安人在西元前十三世紀，所建立的那個強大的帝國。它不同於我們所想像的那種比較成熟的君主政體，因為沒有任何記載供我們參考，我們只能憑常識大略勾畫一下它的情形，最初它可能是眾多國家和部落所共同認可的一個宗主國。起初因為它在國際事務中充當了一位「正義者」的角色，並且掌握著足夠的軍事懲罰能力。漸漸地，由於他實力的增強，開始說一不二，強權政治開始在這個世界中成為鐵的定律，超級帝王出現了。此後，經過幾代鐵腕帝王的統治後，帝國政府的權威被無可爭議地樹立起來。這個過程中，婆羅門們成為王權建立的主導者。建立霸業的王者們，自然將自己的王權永遠隸屬於神權之下，這是九五至尊的帝王所應該牢記的，因為只有得到神權的首肯王權才可以穩固。

亞利安人中一些人開始以「神」的名義，放棄其他事務，專司宗教祭祀。由於他們與「神

舞王濕婆 西元十一—十二世紀 南印度

這位唯美主義的舞者，就是印度教中的濕婆神，據說宇宙在他的舞蹈中誕生，也在他的舞蹈中毀滅。他有四隻手臂，其中前面的兩隻做著柔軟的舞蹈動作，後面兩隻則擔負著重大而不可替代的使命，其中右手持著一支創造世界的小鼓；左手則捧著一團毀滅世界的火焰，世界就這樣在他輕鬆而美麗的舞蹈中生生滅滅不已，這位頗具藝術天分的大神，也在用他的舞姿向世人顯示著他獨一無二的權威。

靈」之間的特殊關係，很快取得了一種世襲而不可取代的特殊地位，他們就是婆羅門。因為宗教權威的不可挑戰，所以這一階層為第一種姓，他們完全屬於精神世界的主導者；掌管國家政權及軍事事務的，稱為剎帝利，他們也被稱作武士階層，雖然他們掌有軍政大權，屬於物質世界的主導者，但地位在婆羅門之下，被稱為第二種姓；其次從事手工業及各種生產活動的貧民階層稱為吠舍，屬於第三種姓；最後，被征服的土著人變成奴隸叫做首陀羅，是第四種姓。種姓制度的制定者，自然是掌握了神權的婆羅門們，而剎帝利們則是很好的合作者和模範的推廣者。婆羅門們認為，四種姓中前三等級是亞利安人，所以是再生族，意思是死後可以再生的人；首陀羅們則被命令為不可再生者。

這些充當立法者的婆羅門們，當然要把這些荒唐制度歸功到他們最高的「神靈」那裏。他們為這一制度撰

印度羅闍羅闍西瓦拉神廟 建於西元十一世紀

這是一個以朱羅人偉大國王羅闍羅闍西瓦拉的名字命名的神廟，這位武功蓋世的國王經過一番南征北戰後，在他的首都坦焦爾建立了這座炫耀勝利的神廟以供養濕婆神，這是南部印度神廟的經典之作，此時離釋迦牟尼滅度已將近一千五百年。

述著權威的理由：梵天（神）從嘴中生出婆羅門；從雙臂生出剎帝利；兩腿生出吠舍；兩足生出首陀羅。這樣一來，人類被造作之初，就已經被分了三、六、九等。婆羅門在思想意識領域的權威，就這樣建立起來。其實追溯一下種姓制度的源頭，我們就能更多地了解到這種制度得以建立的重大歷史背景。亞利安人在進入印度之前，就按照職業將成員分成武士（貴族）、祭祀、貧民三個等級，但在這三等級之間，並沒有後來的那些限制，他們不僅可以相互通婚，還可以同吃同住。（《全球通史》第九章：印度文明〈美〉斯塔夫理．阿諾斯著）但是到了後期，這種以職業劃分等級的做法已經變成以人種膚色為依據的種姓制度，這種制度在原有等級的基礎上，演變成帶有種族色彩的法律制度。

婆羅門們開始編輯組織以吠陀為中心的宗教思想體系，此後婆羅門教（也稱作「吠陀教」）逐漸出現。其實這一時期，它的重要思想裏面遠沒有後期那些繁複的哲理與推導，相反是非常簡單的。首先，他們告誡世人，吠陀的思想是由上帝（梵）親自啟示給人類的，這些思想是不可以隨意改變的（吠陀天啟）；再者，婆羅門的地位是凌駕於其他三種姓之上不可動搖的，這也是上帝的意願（婆羅門至上）；此外，他們認為，宗教的最高與最終形式，就是祭祀，祭祀是萬能的，只有祭祀可以討得上帝的歡心，而達到各種不同的目的（祭祀萬能）。這些初級的神教思想，雖然顯得粗糙而簡單，但其權威性顯然是不可挑戰的。此時此刻，婆羅門的這些理念，沒有也不可能受到任何形式的質疑。因為一切責任都被推到了上帝的身上，而人們完全相信，上帝的意志，只有婆羅門們才能講清楚。

其實，祭祀原本是游牧民族古老的殺牲獻祭習俗，它的目的就是單純地取悅於神。然而，到了這一時期，祭祀被施予了更加神聖的意義，那就是祭祀活動本身具有無上的功德。一段時間裏，這種活動慢慢演變為一種完整精確的宗教禮儀，並由法律的形式固定下來。

此後又經歷了大約四百多年，相當於中國西周中期，離釋迦牟尼出生還有將近四百年的時間。此時有一位叫做闍那彌覺耶的帝王在位，盡其所能維護婆羅門至高無上的地位，使保拉法政權達到最強盛的階段。就在婆羅門祭祀們，沒完沒了地進行著他們的血祭與禱告的同時，一些哲學家們開始懷疑這些「神棍」們的機械舉動是否有效。天性中帶有的那種懷疑精神，導致他們第一次向神學權威們說不。在他們看來，只要沒能得到證實，那麼一切都可以被置疑，哪怕是上帝的意願。這一反傳統的思潮是起源於部分婆羅門學者或哲學家，由於他們不滿婆羅門教的那些非理性的神學理念，而提出了全新的反傳統理念。他們的學說得益於那些保存在土著文化中的懷疑主義與實證主義傳統，他們漸漸接受了這些精神，並通過理智地觀察及研究，大膽地得出足以驚世駭俗的理論。他們中的代表人物就是郁陀羅迦，據說他曾採取多種實驗的方法，得到一些不同於吠陀經典的結論（比如他採用禁食的方法，進行實驗，得出結論，認為人的心神必須依賴於食物），否定了神創論的傳統思想。（《印度佛教史》（英）渥德爾著）

這個時期被稱作《奧義書》時代，此時婆羅門教內部已經開始出現了微妙的變化，理性的梵我合一，逐漸取代了非理性的神造萬物。這一結論本身自然有它特殊的意義，但更重要的是以懷疑的精神，通過觀察實驗得出結論的思想方法，大大地影響了婆羅門教後來的學說。這一時期的一些重大變革，表現在婆羅門教思想開始與傳統吠陀思想背道而馳，反而更加接近土著文化。其中比較有代表性的就是將土著文化中的生命輪迴思想及瑜伽禪定學說，納入婆

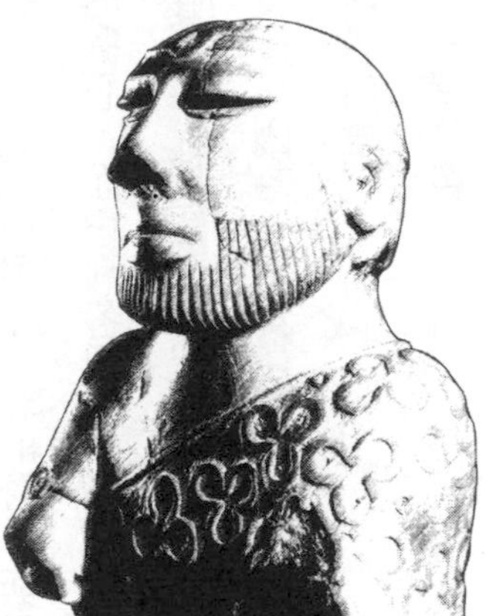

祭司——國王或神雕像 約西元前二〇〇〇年——西元前一五〇〇年

很明顯在這尊小型雕像誕生的年代裏，這塊土地上還沒一有出現白色皮膚的亞利安人，這很可能是土著人的一位祭司，他可能同時行使著國王的權利，當然他也可能是土著人供奉的一位神明。不管他的身分如何，他那微閉的雙眼顯然表示他正處在靜心冥想的狀態中，這很符合印度土著人古老的宗教習俗——重視哲理與思辯。

羅門教之中，儘管如此這兩種思想仍然處於對立狀態。

如果史學家們的結論可信的話，大概又經歷了近百年，一場巨大的洪水，改變了這個帝國的命運。首都象城在遭受了毀滅性的災難後，不得不遷都他地。遷都後的帝國元氣大傷，從此一蹶不振，此後的一切就變得順理成章。漸漸地，隸屬於帝國的個個小王國開始紛紛活躍起來。

有關這一段歷史，我們找不到更多資料。因為古代印度，原本就是個缺乏歷史記憶的民族。但是卻完全可以用我們春秋、戰國時的情況，來進行描述。當周帝國的行政能力越來越不濟，帝王的統治權威每況愈下時，各封國開始由內部的弒父殺君逐步演變為對外的領土要求；局部的以強凌弱，發展到較大規模的爭奪戰爭；虛偽的勤王殺賊，進化為堂而皇之的挾天子令諸侯。再往後就是軍閥割據你征我伐，這時的印度大概就是這種狀態，有趣的是幾乎在同時，印度與它東北方的鄰邦中國同樣經歷著類似的情況。

經過三百多年的混戰，在釋迦牟尼誕生前的幾十年裏，大約西元前五〇〇年左右，以恆河、朱木拿河流域為中心，形成了十六個國家（鴦伽、摩揭陀、迦屍、拘薩羅、跋耆、末羅、支提、跋沙、拘婁、般闍羅、阿濕婆、阿般提、婆蹉、蘇羅婆、犍陀羅、劍洴沙）（《中阿含經》卷五五《持齋經》），史稱列國時期（有說十六國時期）。其中實力最弱的就是原有的宗主國保拉法人的政權，它的版圖被壓縮得越來越小。如果說在此之前那些小規模的戰爭都是小打小鬧的話，到了此時，彼此間的相互戰爭就相當於現今的世界大戰。到了釋迦牟尼成道（西元前五三〇年左右）前後的幾年裏，十六國中發展最快最強大的就是位於恆河南面的摩揭陀國，其次是位於恆河西北的拘薩羅還有東部的跋耆共和國。其中拘薩羅就是釋迦族所依附的那個強國。而原本正統的保拉法人的政權，成為一個小朝廷，就如同我們春秋末期的周王朝一樣，墮落成為一個積貧積弱的小國，作為一種象徵性的標誌，勉強存活著，仰人鼻息、看人眼色，再也沒有當年君臨天下的霸氣。當它的剩餘價值被徹底榨乾後，很快就在繁華舊夢中灰飛煙滅了。

在這個拚實力的年代，政治、經濟、謀略都成為綜合實力的組成部分，王權思想的不斷強化，使得剎帝利們嘗到了為所欲為的甜頭，婆羅門的權威變得無所用途。如果說婆羅門的政教制度曾維護了以往社會穩定的話，就如同周禮維繫了周王朝幾百年的統治一樣。中央政權逐漸喪失能力，「禮崩樂壞」就是必然的結果。婆羅門所享有「人間之神」的特權也開始遭致實權派剎帝利的不滿。婆羅門作為以往政治與神權方面的權威，曾為自己編織過不可超越的神話地位，婆羅門的經典《百道梵書》中曾有這樣的敘述：世間有兩種神，一種是在天上的眾神，另一種就是有學問的婆羅門，他們被稱為人間的神。當時民間也流傳著這樣的諺語：世界受制於諸神，諸神受制於咒語，咒語受制於婆羅門，婆羅門也就是我們的神。（《世界各民族歷史上的宗教》第十五章〈蘇〉謝·亞·托卡列夫著）不難看出，此時能言善辯的婆羅門，實際地位已經超出了那些不會講話的神，因為他們掌有役使諸神的特殊技術。「所謂祈禱，實為咒術，諸神必須照辦無誤。」（《世界各民族歷史上的宗教》第十五章〈蘇〉謝·亞·托卡列夫著）諸神既然能夠按照婆羅門的意志行事，可見這些人間的神，已不是普普通通的神職人員，亦不是什麼上帝的僕人，幾乎成為統治宇宙的神中之神。實際上此前婆羅門的特殊地位，的確為他們贏得豐厚的物質享受和特殊的法律地位，他們可以在觸犯法律時得到諸神授予的豁免權。由於向婆羅門饋贈禮物的人，可以在今世或來世得到各種報答，所以向世間施與恩典的同時，婆羅門們很快成為巨富，這是他們所祭祀的諸神們，永遠都無法得到的。所以婆羅門作為人間之神的地位，在此前的確很難被取代。

青銅堇鼎（西周早期）首都博物館藏

這是到目前為止，已知最大的商周禮器。禮器是服務於禮制的，此時的重大青銅器物往往被當作統治與權利的象徵，使用於祭祀上天、維護社稷等政治及宗教活動中。

然而此時的情況卻已經完全不同，摩揭陀國的統治者，作為新興的政權，完全可以被稱作「無賴」。因為它是一個以軍閥政治為主體的國家，沒有任何道德和傳統可以對它進行約束。它在建國之初，就將婆羅門的神權一腳踢開，早早地一步跨入「準中央集權制」。這種國王壟斷統治大權，明目張膽地與以婆羅門為代表的梵天上帝分庭抗禮的事情，除了「無賴」還有誰敢開這個頭呢？因為在這裏婆羅門的地位已經一落千丈，反抗力量開始受到政府的支持，大量對婆羅門思想持反對態度的沙門、學者開始源源不斷地匯集到這裏。所以這個國家的首都王舍城，很快成為反婆羅門教的沙門運動中心。在這個中心裏，各種思想流派五花八門，但他們的共同點都是一致反對婆羅門的權威地位，並對其神教加以質疑。這裏很快成為當時異端思想的發源地，也是思想異常活躍、開放的地區。釋迦牟尼剛出家時也曾來到這裏，與當時那些著名的哲學家、宗教家進行切磋與交流，甚至拜他們為師。這種思想界異常活躍的情況，反過來也刺激了周邊國家剎帝利們敏感的神經，他們紛紛仿效，逐漸加強壟斷政治的能力。當然也有特例，當時的強國之一跋耆共和國，卻以古老的民主傳統及種種優雅的美德著稱於世，用禮儀之邦來形容它，可以說是恰如其分，因為他們相信，傳統的禮儀制度，是國家穩定的基礎，但它的柔弱

《周禮讀本》書影（光緒版）

《周禮》作為禮制教育的權威教材，在十幾個世紀裏，始終成為中國讀書人扣開官場大門最重要的一塊「敲門磚」之一。所以直到清代晚期，這類教材還在不停地印刷出版，並且非常暢銷。

加美德，並不會給任何強大的軍隊造成一絲無論是戰略還是戰術上的威懾力。

如果我們將摩揭陀國比作如狼似虎的秦王國的話，它後來在兼併戰爭中所使用的種種策略，與秦王國有著驚人的相似之處。據說它同樣採取了遠交近攻的戰略，利用了各國間的明爭暗鬥，一步步的擴大著自己的版圖，直到最後，它後繼的孔雀王朝，建立了印度歷史上幅員最為遼闊的大帝國，這與秦王朝是何等的相似？（《高級印度史》印度R·C·馬宗達等著）

秦兵馬俑

這支「地下軍團」，是秦帝國強大軍隊的真實寫照。東周時代晚期，身處窮鄉僻壤的秦王國的幾代國王，始終苦心經營著這支未來的勁旅。嬴政上臺後，更是將這支軍隊完全掌握在自己的手中，憑藉這支軍隊滿足著自己的雄才大略和一統天下的野心。他一生只相信一個硬道理，那就是強大的軍事力量可以征服一切、粉碎一切，因此吃慣了「甜頭」的秦始皇，甚至在他的墳墓裏也安置了一隻足以使他得到充分「安全感」的陶兵土俑，以便殺盡冥府中的「敵對勢力」。

貳、披枷戴鎖的王子

他與眾不同

回過頭來，我們再來看看這位剛剛出生的王子。我們前面曾提到過，圍繞他的出生，有很多感動地放光催人淚下的神話傳說，其實這些描述，不僅被用在釋迦牟尼身上，在後來的高僧傳記中更是屢見不鮮，這項為高僧們創造神話的工作，從印度到西域，一直到中國、日本、朝鮮，兩千多年的時間裏，一直延續著，這些並不是我們所關心的。我們更希望能夠深入釋迦牟尼所處的時代，跟隨他一同去經歷他與眾不同的心路歷程。

王子出生後，淨飯王就迫不及待地將他的國師阿私陀請到王宮來，為這位小王子預測未來。據記載阿私陀是一位很有修證的苦行僧，之所以能夠成為淨飯王的國師，自然有他特殊的本領。按照印度的傳統，國師一職應該相當於首席大祭祀，也就是一國的宗

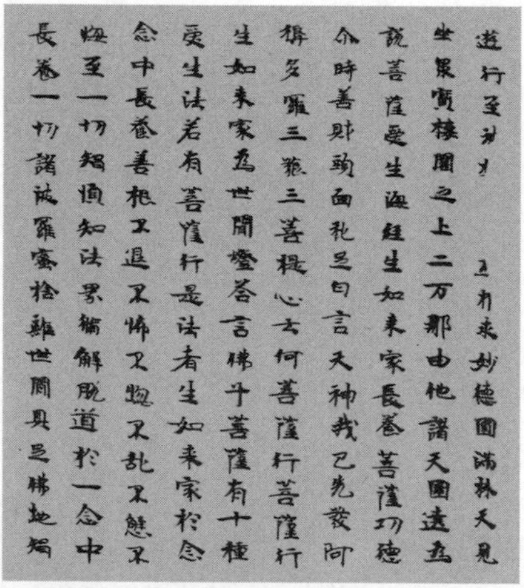
遊行至於此 王有來妙德圓滿林天見
坐眾寶樓閣之上二万那由他諸天圍遶五
說菩薩受生海經生如來家長養菩薩功德
尒時善財頭面礼足曰言天神我已先發阿
耨多羅三藐三菩提心云何菩薩行菩薩行
生如來家為世間燈答言佛子菩薩有十種
受生法若有菩薩行是法者生如來家於念
念中長養善根不退不怖不惱不亂不懈不
惓至一切智徧知法界編解脫道於一念中
長養一切諸波羅蜜捨離世間具足佛地編

《華嚴經》卷第三十七

釋迦牟尼的佛教通過西域傳到中國後，漢譯經典很快形成一個龐大的系統，寫經成為保留與傳播佛教思想的重要手段。

教領袖。這一點我們不必深究，還是看一看這位苦行僧見到王子後會說些什麼吧。

據記載，苦行僧仔細端詳了小王子後，先是微笑，而後悲傷地哭泣起來，這種似瘋似癲，莫名其妙的行為，搞得大家滿頭霧水。最後他緩緩解釋道：他之所以微笑，是因為王子如若在家，將成為偉大的轉輪聖王，如若出家，將必定覺悟成佛！悲傷的原因是他將不久於人世，無緣受到這位未來佛陀智慧的教導！（《佛陀於佛法》第一章 那爛陀長老著 釋學愚譯）

這種類似我們國家看相算命的風氣，在當時的印度似乎很是風行。經中的記載如果可信的話，淨飯王可能是一位非常熱衷此道的人。在王子出生前後，他曾多次不厭其煩地請來各種世外高人，為王子做了好幾次這樣的事。據說在古印度，有很多這樣的苦行僧，由於他們長期在森林雪山修習禪定，可能產生一些了知過去及未來的能力，這種能力被稱作「宿命通（佛教所稱六種「神通」之一——筆者注）」。這些苦行僧也會經常被有權勢的人請到家中預測未來諸事，而且這種現象非常普遍。這則傳說似乎與後來的結局不無二致，起碼有一半的可能性被驗證無誤。但是傳說與事實，究竟哪個在先則無法考證。這件事從一個側面表現出古印度人的最高理想，也就是說在他們的心目中，在家做轉輪聖王和出家做佛陀，很可能都被認為是最高的成就。

這位未來的佛陀出生後第五天，被取名為悉達多，意思是願一切成就，加上他的姓氏，全名稱作喬達摩．悉達多。因為他屬於釋迦族，所以在他成道後，被尊稱作釋迦牟尼，牟尼就是聖人，意思是釋迦族的聖人。這不由得使我們想起了比他小十四歲的孔子，在其後的兩千多年裏，也被中國人稱作「孔聖人」。

作為一個嬰兒，在出生後的第七天就失去了親生母親，這無疑是一件不幸的事。然而，他的姨媽，母親的胞妹（淨飯王的另一位妃子），卻很

苦行仙人（大足石刻 北山一七三號 五代）

此像身形消瘦，濃髮長鬚，拄杖而立，一臉令人同情的痛苦相，這種表情很難與中國人心目中那些飄逸快樂的神仙掛上鉤。此像雕刻者很可能受到佛教批判苦行思想的影響，有意將這位苦行者刻畫得如此痛苦不堪。

快地承擔起撫養他的義務。這位養母給予他無微不至的關懷，一直把他撫養成人。釋迦牟尼與這位養母之間建立起了超越親生母子的感情，在他成長的過程中，這位母親的意願也是他最不願違背的。

王子少年時，父親有一次聽從釋迦族長老們的建議，要求他去拜謁婆羅門神廟。因為當時，他對婆羅門教的思想有抵觸，更對梵天上帝的意志不以為然，所以拒絕前去。但當母親出面勸說後，他竟然「為了滿足大家的願望」，答應下來（巴利語《神通遊戲》）。從這件事中我們可以得知，既然有婆羅門神廟，就一定有定期的祭祀儀式。前面我們曾了解到，這種祭祀儀式

除了殺生獻祭就是祈禱，此外沒有其他內容。看來他的家族雖然有自己傳統的宗教（屬於土著人的宗教），但很可能也按照當時的國際潮流引進了婆羅門教。我們應該注意到，雖然婆羅門教一直在不斷地吸收土著宗教的部分內容，但這兩種文化仍然是相互衝突的。出現在此時的沙門運動就是一個實例。從前面的敘述看，此時釋迦宗族的長老們包括淨飯王，都已經開始信仰這種新引進的宗教了。但是作為王子，卻一直不肯屈尊前去，這顯然引起部族長老們的不滿，由此看來他很可能承受著一種來自宗族內部巨大的精神壓力。「長老們」可能相當於現今的「顧問委員會」，他們的建議必然受到淨飯王的重視。看來此前的王子很可能一直拒絕拜謁婆羅門神廟，在長老們看來已經太不像話了，不得不採取一點行政手段，向國王提出建議。所以我們有理由認為，這可能是他後來離開家去投身土著文化為主流的沙門運動的原因之一。當然經中圍繞這一事件又進行了大量神話般地描述：因為經中描述釋迦牟尼是「神中之神」、「高於一切神」，所以「太子」（釋迦牟尼）一進神廟，濕婆、室建陀、那羅延、俱毗羅、帝釋天和梵天等等（以上所說，均為當時婆羅門教所信奉的諸神），所有神像全部從坐位上起身，匍匐在他腳下。」（《神通遊戲》資料來源：《佛陀和原始佛教思想》第二章 第二節：佛陀誕生 郭良鋆）這些記載，顯然是要讓人們相信婆羅門教的神祇們已經放棄了自己至高無上的地位，而將釋迦牟尼尊為他們的神。這顯然是一場印度式的「鬥法」，這些記載表明了後世佛陀的弟子們，急於將強大的婆羅門勢力徹底壓下去的急躁心態。因為他們顯然忘記了佛教教義中的有關佛非「梵神」的宗旨，不僅把他稱為神，而且毫不隱諱地將他稱為最高神。

然而就在佛陀滅度十三個世紀後，印度婆羅門教的新生代中，出現了一位叫做商羯羅（西元七八八年—西元八二〇年）的教士，這位僅僅在世三十二年的天才青年，以婆羅門教（印度教）學者的身分，在對大乘佛教進行了深入地研究後，將佛陀釋迦牟尼納入到他的神學學說中，並恢復了古老吠陀的權威，佛陀釋迦牟尼從此之後被稱為婆羅門教大神毗濕奴的化身，這在某種程度上，使得婆羅門教的哲學思想越來越接近後期大乘佛教發達的哲學系統，一時間，在已經走向沒落的佛教團體中，大量教徒成批地改信婆羅門教。雖然佛教在印度徹底銷聲匿跡的直接原因，是阿拉伯人及其伊斯蘭教的侵入，但其基礎的動搖完全是因為教義在後期產生了重大地變易，並被強大的婆羅門教吸收消化而使其自身得到強化，從此後人間的覺者釋迦牟尼成為婆羅門教中毗濕奴大神的化身，他的使命也變成婆羅門神祇們拯救世界計畫中的一

西藏唐卡繪畫中的眾梵天

在佛教經典中，婆羅門教的梵天眾神，成為佛教及其釋迦牟尼的護法，創造萬物的上帝，在佛教中顯然已經失去了他們原本的地位，而成為佛教六道眾生中的一道，這樣一來，生、老、病、死等諸多煩惱，同樣對他們的身心造成強大地威脅。

部分，甚至被描繪成為了改變人們對於吠陀思想的錯誤理解，而有意識向世人宣傳反對神教的錯誤思想，以阻止殺牲獻祭行為，那麼這種錯誤的思想在完成了矯枉的使命後，其過正部分必然被再次修正，其生前極力反對的婆羅門神教思想，再一次被樹立起來。結果是不久後，佛教作為獨立的宗教，被消滅在印度本土。

商羯羅像

接下來，我們繼續通過王子成道後的一件事情，去了解他對母親是如何地尊重。一次，這位母親帶著一群釋迦族的女人軟磨硬泡地跪在外面要求出家，這件事竟使釋迦牟尼感到非常為難。因為僧團拒絕女性加入，更何況，當時整個沙門運動中，也沒有女人出家的先例。起先，他避而不見，讓他的弟子出面相勸，但是最後，母親的眼淚還是使他無法拒絕，破例收下了這些讓他感到非常棘手的女人們，並專門建立了比丘尼僧團。釋迦牟尼是講平等的，既然收下了王族的女人出家，就沒有理由拒絕其他女人的出家請求，因此後來加入比丘尼僧團的人數也開始越來越多。

悉達多，作為國王的長子，兒時的生活，一定是富足而溫馨的。如果說他有什麼與眾不同的地方，可能就是這樁發生在他童年時的事件了。當時各國的國王為了鼓勵農業生產，都會定時舉行農耕慶典儀式，因為當時農業是立國之本，富國強兵的潛在希望就是發展農業。用我們現在的話講，農業是考核國家綜合競爭力的重要指標。因此，農耕慶典作為一種儀式，在迦毗羅衛國幾乎每年的春季都要高規格正而八經地舉行一次。在這個儀式上，國王率領王公貴族與老百姓一起下地耕種，以表示對自古以來不勞動者不得食真理的深切認同。這種少有的親密接觸，對老百姓的生產熱情，無疑是一種有效地激勵。慶典中還有一項儀式是必不可少的，就是通過各種祭祀活動，祝福未來有豐厚的收成。結尾還要以國王的名義犒賞全體參加耕種的百姓。

這一年的慶典儀式上，悉達多王子第一次被帶到現場。這也是他第一次以太子的身分，參加國家級的政治活動。但是因為他還年幼，為了遮陽宮女們奉命將王子的床榻安置在一棵菩提樹下，並小心看護。但當慶典進入高潮時，貪玩的宮女們忍不住也跑去看熱鬧，樹下就只剩下小王子一個人。慶典的熱鬧與樹下的寧靜形成鮮明的對照。奇怪的是這位年幼的王子，並不像其他同齡人那樣喜歡熱鬧，相反他更喜歡獨處和沉思。他被這寧靜安詳的氣氛所吸引，整理好自己的座位，盤腿坐定，收斂起散亂的意識，致心一處，進入深入思維的禪定境界。據他後來的回憶，當時他輕而易舉地證得一心不亂的初禪境界，獲得第一禪悅。這是他此生第一次享受到禪悅。禪悅是禪定過程中得到的一種特殊的精神感受，是指當禪定進入某種次第時，具有的一種快感。這是他今後證悟高深佛法道路的一個起點，對於一般的兒童來說，這可能是一件不可思議的事，這就是王子的特殊之處！（巴利語三藏《中尼迦耶》第三十六《薩遮迦大經》）

談到禪定，不妨拓寬我們的思路。如果說王子天性好靜、喜歡沉思這並不奇怪，但是如果說他天生就無師自通地精通禪定，就未免有些牽強。我們知道禪定是一種嚴格的心智訓練，沒有正確的指導，很難取得成果，搞不好還會出現各種偏差，對於初學者尤其是這樣，當然這與個人的天賦有很大的關係，這一點我們毫不懷疑，我們同意這樣一個共識，那就是幼年的釋迦牟尼確實具有與眾不同的稟賦。很多跡象表明釋迦牟尼在很小的時候，可能接受過系統地禪定訓練的。我們前面曾介紹了他的宗族內部，一直承襲著土著文化，當然也就包括了自古以來的帶有濃重土著文

早期佛像（現存巴基斯坦）

這尊看上去比例有些失調的佛陀坐像，造型非常簡練，刀法也顯得有些粗糙和幼稚，其服飾很可能比較接近佛陀時代出家人的原貌。此外腦後的背光和身下的須彌座都缺少後期造像中的那些浮華、精美的零碎，更值得我們注意的是佛像嘴上那撮印度式的「美髯」，這種畜鬚的習慣在當時的印度很可能非常流行，所以這種造像傳統一直影響到幾百年後的中國佛教壁畫，但不知什麼時候那些中國北方石窟壁畫中畜有印度式小鬍子的菩薩們，突然變成了清秀慈祥的女性。當然，釋迦牟尼是否像那些在家人一樣留髮畜鬚則無法考證，至少經典中記載他出家時就已經像當時的沙門們一樣剃除了鬚髮。

化特色的宗教，這種宗教不同於亞利安人的婆羅門教，他們更重視禪定冥想所帶來的親身感悟。因為他天資聰穎，與其他的兒童不同，在孩提階段就主動接受禪定訓練是有可能的。他當時還沒有接受正統的婆羅門教育，所以很可能跟隨屬於家族內部的宗教師們學習過這類禪法。這種次第的心智訓練，和內證功夫，顯然影響到他對於婆羅門教的看法，此時的婆羅門教雖然已經形了一套初步的經典，但其宗旨與實證主義的哲學有很大的不同，狂熱地殺牲祭祀和非理智地祈禱，仍然帶有濃重的天神崇拜色彩，與當時的傳統文化發生著劇烈地衝突。經中沒有具體描述他此次在慶典儀式上首次進入禪定時的具體年齡，但可以肯定是在他的童年時代。

（《佛陀與佛法》第一章：太子出家 那爛陀長老著 釋學愚譯）

苦悶難以釋懷

在當時，他的國家時刻處於危險的境地。作為未來的繼承人，小王子那柔弱的肩膀上，似乎承受著超負荷的精神壓力，而這種壓力更多地是來源於深愛他的父親。淨飯王可以算是一位勵精圖治的好王，但是，特殊的地緣格局，與政治經濟方面的落後情形，注定了在他這一代國家難以擺脫成為大國附庸的現狀，他只得把希望寄託在這位年幼的王子身上，當然這種寄託並非沒有一點道理，小王子的聰敏與睿智，顯然超出其他的同齡人，在淨飯王眼裏，他將是一位能夠力挽狂瀾的後生，與其說淨飯王僅僅是因為聽取了那些江湖術士們的預測，而相信王子未來能夠成為轉輪聖王，不如說漸漸長大的王子所表現出的特殊之處，使他的父王深信於此。當時的印度，社會急劇動盪，人們盼望著一種安定、祥和的生活，這種願望只能寄託於夢幻中的轉輪聖王。

由於整個南亞次大陸特殊的地理位置，古印度的人們一直認為這裏是一個完整而獨立的世界，北面的雪山是世界的屋脊，高亙而不可逾越；三面環海，讓人覺得已到了世界的邊緣。雖然這塊土地在歷史上很少被統一，多數時間處在分裂狀態。但古印度人很早就有一個偉大的願望，盼望有朝一日能出現統一這個世界的轉輪聖王（轉輪聖王是以福德治理天下，以十善化育民眾的開明君主。繼位時由天感而得輪寶，轉動輪寶而降服四方。傳說轉輪聖王出生時，天下太平，人民安樂，沒有天災人禍。），這種理想在印度早期的史詩中，經常出現，那些半神半人的轉輪聖王們的形象，一直根深蒂固地留在世代印度人的記憶裏。因此幾個世紀以來，任何一位有實力的國王，都在夢想著這個稱號。後來佛教也在它的說教中宣傳轉輪聖王的思想，所不同的是，佛教所宣稱的轉輪聖王不是依靠武力實現對世界的征服，而是強調以正法實現對國家的治理。佛教讚揚在轉輪聖王領導下的太平盛世：「地平如掌，無有溝塹坑坎；百草常生，無有冬夏；

阿彌陀佛說法圖 西藏唐卡繪畫

阿彌陀佛是西方極樂世界的教主，後期大乘經典對這個理想的世界，做了非常形象的描述，藏傳佛教的唐卡繪畫大師們，更是將表現極樂世界的佛教繪畫推到了唯美主義的顛峰。

自然粳米，不種自生；男女止宿樹下，壽命千歲。」（《長阿含・世紀經》）這顯然是一種理想化加神話境界的描述，雖然欠缺合理性，比如「地平如掌，無有溝壍坑坎」，按照常識理解，這樣的大地上既不會有河流，也不會有湖泊，那麼「自然粳米，不種自生」就成為真正的神話。止宿樹下的生活，顯然與印度自然環境所導致的原始習慣相關。但就其描述本身來講，佛教同樣希望建立一個平靜、祥和、物質極大豐富的理想世界，這在後期大乘經典中往往被用來比喻各個不同的佛國土，如西方極樂世界，就是一個自然環境極其優雅、物質極端豐富的理想世界。

既然大象可以做夢，那麼小螞蟻自然也可以。淨飯王就是這些小螞蟻中的一隻。據佛經記載，他對悉達多王子的希望就是能夠成為真正的轉輪聖王。所以佛經中那些大師們對王子前途的預測記載，正是「螞蟻夢中變大象」心理的真實寫照。看來這種夢境，不光淨飯王需要，那些後世神化佛陀的弟子們也同樣需要，可能是他們太想把這位導師由人變成神的緣故吧。淨飯王就是在他理想夢境的引導下，開始精心安排兒子的學業。到處尋找德高望重的教師，對王子進行嚴格地教導。王子開始次第地接受婆羅門教的正統教育。他首先學習了傳統經典《吠陀本集》其中包括《梨俱吠陀》、《婆摩吠陀》、《夜柔吠陀》、《阿闥婆吠陀》四部，也稱作四吠陀。這是早期婆羅門思想的學說，其中《梨俱吠陀》、《婆摩吠陀》是一些讚美神的詩歌和祭祀歌曲，共一千六百多首；《夜柔吠陀》記載的是各種祭祀儀式的儀軌，其中有祭亡靈、祭火、祭新月、祭滿月等儀式；《阿闥婆吠陀》收錄的都是咒語與巫術。此後，他又開始學習婆羅門《梵書》及後期經典《奧義書》。《梵書》是對祭祀的思辯性內容，而《奧義書》原意為師生近坐，由老師向學生秘密傳授有關梵的思想。因為吠陀思想都是天神的啟示，具有很深的秘意，所以必須秘傳秘授。這種秘密思想與釋迦牟尼傳播的佛教有很大的不同，在他生前的教法中，沒有秘密思想，更沒有秘傳神授的內容，因為在他看來，真理在每個人面前都是平等的，任何神秘主義的觀念都被他排斥在教法之外，但我們也不得不注意到，秘密思想在一千多年後對佛教產生了巨大的影響，這是後話，我們暫且不論。

此外釋迦牟尼還學習了聲明、符印明、內明、醫方明、工巧明等。這五明是指五種學問（《印度古代文化》日．武田豐四郎著），聲明是指文字、音韻、修辭等，相當於今天的語法，我們可以斷定這是指梵文的範疇，因為婆羅門教僅限於使用梵文，因為那是神的語言；符印明指的是符咒手印（配合咒語，以手結成各種印記，就是今天說的手勢，這種印記配以專門的咒語有專門的功用——筆者注）之類的學問，這屬於秘密教的範疇；內明指婆羅門教關於梵我的知識，是一種通過禪定等手段啟發內智的學問；醫方明是指醫學、藥理學方面的知識；工巧明即工藝製作技術與技巧等方面的知識。

據記載王子天資極高，不管接觸哪種學問，都會很快掌握，並超過他的老師。他少年時，已通曉「六十四種書」。據說他還練就了一身好武功，在歷次比武中總是得勝，傳說他曾在一次比武大會上徒手制服過一頭狂躁的大象。

如果經中的記載可信的話，到目前為止，他已經可以稱得上是文武雙全了，此時他還年輕，推算起來不過十四、五歲。如果再經歷十年左右的歷練，做一個好的國王應該不在話下。但為什麼他還是選擇了後一條路呢？這個問題值得我們研究！那些大師們如出一轍的預測結果，好像暗示了王子如若不出家，一定能成為轉輪聖王。這種「不是……，就一定是……。」的公式性的暗示，兩千多年來一直誤導著人們。好像成佛或成轉輪聖王這兩種結果，被放在了本來並不均衡的天平上。如果出家成佛，就必定是以放棄轉輪聖王做為代價。恐怕這一點，連釋迦牟尼自己都不會相信。

晚年的時候，當得知拘薩羅國王毗琉璃將要進攻他祖國的消息後，年近八十歲的釋迦牟尼來到半路坐等。在琉璃王大軍捲起的滾滾塵土中，釋迦牟尼深情地說道：「親族之蔭，勝於人也。」意思是說，親族就像大樹的蔭涼一樣，可以遮蔽炎熱的太陽，勝過所有其他的人。言外之意就是如果釋迦族被滅亡，我就失去了親族的保護！在父子兩代都做了佛陀的弟子並很尊崇他的情況下，琉璃王不得已暫時退兵。此時的釋迦牟尼是在以個人的威望，挽救他的國族。但是滅族之災最終還是發生了。據記載在那一段亡國滅種的日子裏，釋迦牟尼曾頭痛多日。這件事情本身，倒使我們更加清楚地看到了一位有血、有肉、有情感的釋迦牟尼，和他對於國家民族無法割捨的真愛。

佛陀出家成為一位德高望重的國際型導師，在受到當時敵對各方首腦一致尊重的情況下，四處奔走，反對戰爭宣傳和平，尚且不能阻止相互間的戰爭，甚至連自己的親族都無法保護，如果坐在本國的王位上，或許就更是沒有辦法。所以當時的國際政治環境，也是促成他出家的重要原因之一。所以他成道後曾不只一次地對弟子們談

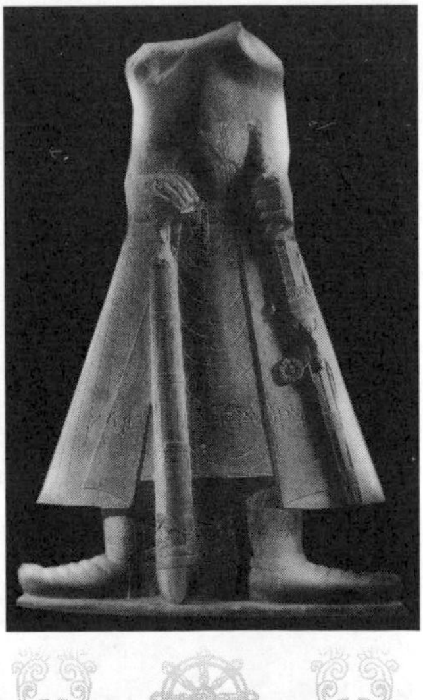

迦膩色迦王像殘餘部分 石雕 約西元一—二世紀

這位「劍在手，問天下誰是英雄」的游牧首領後裔，他的祖先曾來自於中國甘肅境內，一身草原民族的服飾打扮，手中的重劍頗具中國風格，也是他的民族入主印度所倚仗的軍事力量的象徵，他本人也因對於佛教的虔誠信仰，成為繼孔雀王朝阿育王之後，又一位將佛教國際化的有力推動者，被佛教信徒們稱頌為「轉輪聖王」。

到「國土維危」、「國土危脆」等，以告誡他們萬法無常的道理。這句話本身，就已經否定了「轉輪聖王」的神話。

滿腹的學識加上強壯的身體，並不能使他感到滿足。因為他所關心的是人生的大問題。這些現成的知識沒能給他一個滿意的答案，強烈的求知欲，使他更加喜歡獨自靜靜地思索。這種與同齡人之間的巨大落差，引起父王的注意。他總是能從年少王子的臉上看到一絲淡淡的憂傷。他不明白，為什麼這個孩子不喜歡欲樂而喜歡沉思？他真的很怕王子因為對世間那些痛苦的過多體驗，去思考他這個年齡的孩子所不該思考的問題，可王子恰恰走的就是這條路，他不僅思考了，而且非常深入。

因為那個時代的印度人，似乎對人生問題都很敏感，無論婆羅門還是當時流行的沙門行者，似乎都對這一命題表現出異常的興趣。有的人甚至耗盡一生的時間，通過各種苦行，完成對這一問題的思索，求得最終的解脫。淨飯王絕不想讓他的兒子過早地走上這條路，因為他還想借助這位王子完成他的偉大理想。因此他決定，用世間一切美好的事物填滿王子的生活，讓他沉溺於歡樂享受中，把那些爛七八糟的想法全都拋棄掉。

上下求索

首先，淨飯王為十六歲的王子娶了一位美貌的妻子，這位叫做耶輸陀羅的女子，美麗而端莊。她來自天臂城，是王子親生母親的同族，所以他們可能是表兄妹。（巴利文《大事》中記載，耶輸陀羅的父親，是釋迦族的摩訶那摩，他們同屬一個家族。故他可能是淨飯王的兄弟或堂兄弟。）據記載他們婚後感情一直很好，婚姻生活一直維繫了十三年。淨飯王想方設法讓他的兒子，生活在一種應有盡有的環境中。據經中記載，除了耶輸陀羅，王子還有兩位正式的妃子一位叫摩奴陀羅，另一位叫瞿陀彌。（《佛本行集經》）後期經典記載他不僅有三位王妃還有六萬采女，前者我們暫且相信，作為一國之王儲，這並不奇怪。但是後者卻實在難以令人信服。且不說當時迦毗羅衛國十座小城加在一起，能否找到六萬名年輕的女子，就是能夠找得到，這蕞爾小國的宮廷裏也未必盛得下，這很有可能又是後來的宗教家們誇大其詞的描述。

不過淨飯王盡其所能，為王子建造各種適合不同季節居住的宮殿、花園等倒是可信的。印度氣候炎熱，又有四個月的連綿雨季，建造幾座宮殿、花園，作為王族並不過分。釋迦牟尼成道後，曾回憶起自己的宮廷生活：

「我嬌生慣養，在我父親的宮殿裏，有三座特別為我營造的蓮池，各生長藍色、紅色和白色的蓮花，我用的都是迦屍（中印度的一個省，以盛產絲綢而聞名，在當時應該是上等檀香木的產地）出產的檀香木，頭巾和衣服全來自那裏。」（《增支部》第一卷，第三、四經。資料來源《佛陀與佛法》那爛陀著）

「無論白天黑夜，我總是在白色華蓋的保護之下，以防塵土、冷熱、樹葉乃至露水。」（《增支部》第一卷，第三、四經。資料來源《佛陀與佛法》那爛陀著）

「我有三座宮殿，一座用於冬季，一座用於夏季，還有一座用於雨季。在四個月的雨季裏，足不出戶，一天到晚由宮女陪同娛樂。一般人家的傭人或家丁吃的是稻糠和變質了的稀飯，但在我父親的王宮裏，傭人和宮女吃的是大米和美味佳肴。」（《增支部》第一卷，第三、四經。資料來源《佛陀與佛法》那爛陀著）

從這些資料裏看，王子的生活並非我們想像的那樣奢侈豪華，不過是用一些進口的木料與衣飾而已。有人跟隨左右撐打傘蓋也沒有什麼了不起。特別是後面提到的傭人待遇問題，更讓我們感到奇怪。按照當時的情況分析，作為王子，他所能接觸到的「一般人家」，絕不是一般老百姓家，起碼是指王公貴族。看來他們能夠雇得起傭人，但吃得很差；可是他父親王宮裏的傭人們，也只不過就是吃得好些。從這點上看，他的國家在當時很可能非常貧窮，抑或說是受到當時宗主國的壓榨，使得國力衰弱。如果王公貴族的生活也不過如此，那麼一般百姓就可想而知了。但從這些記載中，我們還是可以窺見王子對這種貧富差異是非常在意的，很顯然，他認為自己的生活太豪華了，並且引起他內心的不安，這只是從小處看。

再從大處看，王子雖然年輕，但作為未來的繼承人，以他的學識與睿智，必然關注當時的國際問題。自己的國家貧弱不堪，父王雖然胸懷大志，但沒有辦法改變做兒皇帝的現實。長遠看來亡國滅種的最終命運是無法逃避的，這使他感到異常悲哀，難道自己做了國王，這種結局就能改變嗎？轉輪聖王人人想做，但是有一個轉輪聖王就會有一群亡國之君。世上又有誰願意去做後者呢？然而，轉輪聖王就能永遠保住自己的江山嗎？難道不會被其他的野心家所取代嗎？

他曾長時間地被這些問題所困擾。豐富的學識加上勤奮的思考，使他逐漸養成重視觀察事物本質間相互連帶關係的習慣。他開始注意研究事物背後的那些隱性規律，往往喜歡追究到底，沒有答案絕不放棄。這種嚴謹的治學態度，對他後來的覺悟起了相當大的作用。如果說這些問題還是外在的，等到他開始將注意力集中到人生生命本質問題上的時候，他開始陷入了更深的思索中。

淨飯王為了不讓他年輕的王子過多接觸外面的世界，令他的生活始終在宮女們的簇擁之下。據記載有一次王子從睡夢中醒來時，見到那些陪他娛樂到深夜的宮女們，橫七豎八地躺在地上，睡相十分醜陋，平時的那些美貌蕩然無存。這給年輕的王子心靈又造成一次強烈的震撼，他再一次從表面的快樂中警醒，意識到美麗、快樂，與一切事物一樣，都是不可能永駐的，美貌總有一天會被衰老取代、快樂之後，必有痛苦跟隨。（巴利文《神通遊戲》）其實這則故事可能發生在佛陀的一位弟子耶舍身上，按照早期巴利三藏的記載，耶舍是因為看到這些不堪入目的醜態，才發誓出家皈依佛陀的。（《律藏》大品）不知什麼時候，這則故事被移植到釋迦牟尼身上。這種情況在佛經中十分常見，一個故事，在不同時期的經典中被用在幾個人的身上，敘述者也完全不同，這顯然是說唱文學的特點，一個典型事件，會被傳唱為類似的故事，用在不同的主人翁身上。

不過，此時這位王子確實是在不停地思考這些與自身命運相關的問題。因為那種日夜縱樂的生活使他感到厭倦，在他獨處的時候，他還是喜歡繼續他兒時的禪定與冥想，禪悅使他有所收穫：

「如果我在禪定，自性中能夠認識到快樂感受有生起也有結束，能夠了知享受及其他的不利之處，就能夠放棄享樂的欲望，摒除這些渴求，達到生而無欲，內心得到安寧！

芸芸眾生，縱情歡樂，為欲望所腐蝕，為愛欲而煩惱，如同水深火熱，不能自拔。而我則不同，雖置身於享樂中，卻不再感受到樂趣！因為我的喜悅已經不再停留在感官和物質的層面上，而是超越了天人（神界的眾生）的幸福！

我今得到了這種快樂，所以對於人間的一切享樂，不再有絲毫的羨慕！」（《印度佛教史》四十九頁（英）渥德爾著）

王子所說超越感觀和物質層面上的快樂，很顯然是指禪定層次上所升起的一種超凡的喜悅。這種喜悅就是禪定家所說的「禪悅」，這種「禪悅」必定要在清淨深入的禪定狀態下才可能產生，這與他後來出家之初的苦行是完全不同的。此時的王子更加喜歡獨處，希望將自己長時間地沉浸在這種超凡的快樂體驗中。在這種狀態下，他觀察到日常的那種感官欲樂的生起與結束，都是來得快去得也快。他體悟到這種低層次的快樂是淺薄而不可長久的，快樂的背後是求之不得或者得而復失的痛苦和煩惱。然而，在清淨禪定中所得到的禪悅，遠遠超越了世間所有的樂趣。因此他越來越想遠離那種對物質和感官上的渴求，再不願去追逐那種所謂的享樂。

西藏脫模泥造像（擦擦）

如果說這種宮廷生活，能夠使他心安理得地度過二十多年的話，那麼王宮外邊的世界，將給他的心靈一次前所未有的重擊。王子成年後，有一次離開宮殿，接觸到外面的世界，看到了他原來在宮廷裏從未見聞過的事情。黑暗的一面無情地在他眼前展開。據佛經記載他首先見到了年邁的老人，又見到垂死的病人，而後又見到為死人送葬的隊伍，最後見到了一位端莊安詳的出家人……。其實，這則記載，在更早的經典裏確實出自釋迦牟尼之口，但講述的卻是過去佛毗婆屍出家前作太子時的故事（《長尼迦耶》第十四《大本經》資料來源：《佛陀和原始佛教思想》郭良鋆著）。這個故事後來又被添油加醋地移植到釋迦牟尼身上。但是那些編纂者們卻犯了一個常識性的錯誤，那就是二十八、九歲的悉達多王子不可能對這些生、老、病、死的現象聞所未聞。（《佛陀和原始佛教思想》第二章 郭良鋆著）但這些故事，正與他平日的思索相契合，倒是事實。借用一些故事來表述自己的想法，完全符合釋迦牟尼說法的習慣。我們注意到佛經中有很多故事出自釋迦牟尼之口，多半是帶有譬喻性的，而且釋迦牟尼的確是一位講故事的高手。

但是這些思索，給他帶來了收穫則是確實的，他曾回憶道：

「我被生、老、病、死，憂傷、苦惱所束縛，但為什麼還要追求具有同等性質的事物？被這些相同本質的的事物所束縛呢？我應如何去認識他們的厲害關係，從而追求未曾證得的無上圓滿的安樂涅槃呢？」（《中部》卷一，第二十六經）

「家庭生活使人受到束縛和限制，是掙扎不休的火坑！相反，出家的生活猶如天空一樣廣

闊。因而作為一個在家人，想要究竟圓滿清淨無染地修習梵行是非常困難的。」（《中部》卷一，第三十六經）

這些思考，是他最終決心離開家進入森林的主要動因。當然這與當時的環境不無關係，在他看來，那些行走在大街上的沙門們，心無牽掛、身無束縛、沒有煩惱、悠然自得地專心悟道，這是他所嚮往的那種「天空一樣廣闊」的自由生活。此時他對流行於沙門行者中那些苦行之道，也有了充分的了解，他認為，精神上的痛苦，遠遠超過肉體的痛苦，他願意實踐這些遠古流傳下來的苦行，已達成徹底解脫的目標，他的決心已定。按照經中的記載，他的這一決定是見到出家沙門後產生的，可見當時流行於社會的沙門思想對他的影響相當大，效法他們的自由生活，成為這一時期悉達多王子所追求的目標。

風雲激盪的年代

在釋迦牟尼誕生前的一段時間裏，印度東部出現了一種與婆羅門思想完全對立的新思潮，被史家們稱作沙門運動。我們前面曾提到那個強大的摩揭陀國，由於那個王國的統治者，不習慣按照婆羅門的意願，使自己的地位屈居第二，相反，他更願意得到各界人士的支持，使自己徹底實現君臨天下的願望。由於這裏政治空氣的寬鬆，首都王舍城漸漸聚集了一批具有叛逆性格的學者、宗教家，他們多數對婆羅門「人間之神」的地位，提出異議，從各個地方匯集到這裏，潛心研究自己的學說，逐漸形成了五花八門的宗教、學術流派。

領導這些新學派的，是婆羅門以外的其他三種姓，他們來自於社會各階層。其實這場運動應該被恰當地稱作剎帝利運動，因為王權意識的增強，一部分剎帝利開始風光起來，他們肆無忌憚地編織著自己的霸權美夢。在大國強勢面前，弱國的命運就變得非常可悲，那些被迫失去國家或權利的剎帝利們開始退出社會，追求心靈的寧靜。很多人源源不斷地走進森林、雪山，靜心冥想，以求悟道。他們嘗試著各種遠古以來流傳下來的苦行，以達到對真理的徹悟，他們對婆羅門的特權與上帝的權威，採取了漠視的態度。他們更喜歡排除所有宗教典籍與前人的經驗，依靠自身體證的結果，對宇宙、人生進行新的詮釋。可貴的是，他們當中的一些人精通天文和數字等方面的知識，有些人甚至非常關注醫學。

印度人很早就懂得脊椎與神經系統的功能，擅長各類外科手術。他們熟練地進行剖腹產、骨骼鑲嵌術、整形術和對傷殘的肢體進行修復。（《亞洲史》第四章：古印度文明。美羅茲・墨菲著）在釋迦牟尼的時代，印度已經有一些醫學家開辦的學校，專門教授醫學知識及技術，甚至有一些專著流傳下來。從這些西元五世紀左右成書的醫學著作中，我們可以了解到，當時的印度醫生已經可以熟練地進行白內障切割手術、疝氣手術。同時他們已經在解剖學、生理學、病理學、藥理學方面取得了重大地研究成果。（《科學史及其與哲學和宗教的關係》第一章：古代世界的科學 作者：W・C・丹皮爾〈Sir William Dampier〉李珩譯 張今校）這些科學知識自然被運用到那些哲學家的理論中。科學的實證主義精神，加上禪定的內證功夫，對當時的各個教派影響非常大。他們大多數反對神創論，但接受某種形式的輪迴學說，相信死者的意識會從亡者身上流出投射到另一個新生胎兒的身上，據說這一觀念出於禪定思維的結果。所以輪迴學說在印度不僅早於佛教，甚至早於婆羅門教。他們開始四處行化（遊行教化）並發表各種演說，之後各派之間的辯論也越發多起來，這種現象從森林到鄉村又到城市。當時人們常常可以在城市的大街小巷見到這些沙門宣說他們各自五花八門的學說。有時還可以見到不同學派甲、乙兩方，甚至多方之間舉行辯論的場面。摩揭陀國成為這些新興教派的集散地，形成真正意義上的民間學術中心。後來有兩位同是出生於王族（剎帝利）的熱血青年，受到沙門運動的影響，先後離開家，投身到這片廣袤而充滿智慧的森林中，遍訪名師。通過學習、交流與自身的努力，分別創立了自己的學說，他們就是佛教的創始者釋迦牟尼和耆那教的創始者大雄。所以這裏也就成為佛教與耆那教得以產生的思想搖籃。

使我們感到不可思議的是，這個發生在印度佛陀時代前後的宗教、學術思想的黃金時代，竟然與全球幾個其他文明世界的文化時代同步。此時也正是中國東周時期，諸子百家們有關宇宙、人生甚至政治之道方面的學說紛紛出現，在相當一段時間裏，進行著必要的爭論、鬥爭甚至是整合；幾乎與此同時，希臘的哲學家們也在進行著他們對於宇宙、人生、神靈等問題的探索；西伯來人的先知們，更是在為他們未來的基督教儲備著各類神話傳說及相關的神學探求。美國著名學者費正清先生認為：「當時所有文明世界中的哲學思考都十分活躍。當時幾大文明之間思想的交流可能起了促進作用。」找到這幾種文明在當時相互影響和促進的管道，不是這本書的任務，顯然要更多地依賴文化史專家們的考證。但是費正清先生的以下觀念則是我們可以認同的，他認為：「當時這些地區都很發達，社會足以供養起一大批思想家。此外，不斷湧現的各項人類文明也粉碎了傳統的觀念，因此各地方的人都開始自覺地思考生命、社會之目的及其意義等重大課題。」這一點我們完全可以從以上所敘述的印度社會的情況得到印證，談到社會的供養，印度的情況可能比較特殊，在印度，僧人和「住林者」們（指那些離開家來到森林，專心與各類哲學問題思考的人們），大多是依靠民間非法律性的「道德資糧」（托缽乞食）而生存，印度人自古就有供養出家人，以使自己得到道德昇華的傳統認知，這與政府行為有很大不同，當然個別出家團體也偶爾受到各類政府的資助。在談到幾大文明之間的不同時費正清說：「他們得出的答案大相逕庭，從而使地中海文明、南亞文明和東亞文明就此分道揚鑣，各自朝著不同的方向發展下去。在這一偉大時期發展起的各類迥然不同的哲學思想，直至今日都是這幾大文明的重要區別性特徵。」（《中國：傳統與變遷》第三章，第二節：諸子百家時代（美）費正清著）

印度自古就有個體僧侶在森林中漫遊悟道的古老習慣，但是形成一定規模的森林團體，則是這一時期所特有的現象。一位導師開悟後，他的觀念受到很多人的贊同，隨後就會有不同數量的追隨者，很快形成一個團體，這些團體被稱作僧團。他們一般不受社會、法律的限制，但其內部卻有自己的律條，一般都採取非常民主的方式。這裏也就成為當時在王權政治下生活的人們所追求的平等、民主、自由生活的理想去處。（參見《印度佛教史》（英）渥德爾著）

《諸子集成》書影

這套由近代人彙編的《諸子集成》，比較完整而系統地收錄了先秦至漢魏六朝時期諸子們的思想與論著，成為研究中國古代思想家及其思想的重要資料。

透過這些表面現象，我們似乎更應該注意到沙門運動與婆羅門教之間發生衝突的潛在因素。其實亞利安人的到來，對土著文化來講無疑是一場浩劫。亞利安人雖然取得勝利，但是並沒有徹底消滅土著文化，相反在後來還大量吸收了這些營養。雖然如此，民族壓迫和政治上的

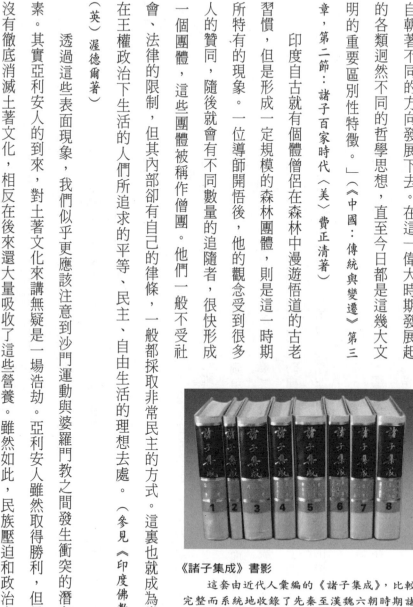

歧視是不可避免的，尤其是種姓制度的建立，使得土著人的地位低下。所以北印度的文化一直存在兩個中心，一個是西方亞利安人為代表的婆羅門文化中心；再一個就是東方土著人為代表的森林文化中心。因為到此時為止，大部分純種的亞利安人都集中在西部的旁遮普地區，（參見《季羨林文集》第七卷 原始佛教的歷史起源問題）那裏是多雨地帶，有大片優良的草地，適合亞利安人的游牧生活。土著人除了南逃，就是向東部壓縮。當然，一直以來，不斷地有一些亞利安人來到東方，漸漸與土著民族混合變成了亞利安與土著人的混血。比如後起的摩揭陀國、拘薩羅國、跋耆國都很可能是這類混和人種建立的政權。正統的亞利安人將他們與純正的土著人都看成是「賤種」，尤其是婆羅門種姓的女子與首陀羅種姓的男子所生的後代，是婆羅門最為厭惡的。因此在他們的經典中告誡那些婆羅門不要到東方去，以免失去純正的血統。（參見《以佛法研究佛法》第二章：佛教之興起與東方印度 印順著）其實人種上的混合與其說是影響到婆羅門狹隘的民族意識，倒不如說是威脅到他們所制定的種姓制度。這種屬於種族上的蔑視與壓迫，自然導致文化上的對抗。隨著摩揭陀等東方大國的軍事崛起，帶有東方文化特色的「沙門」運動自然也開始興起。

如果說沙門與婆羅門是兩種相互對立的文化現象，那麼它們所表現出來的外在形式，也是截然不同的。我們可以從西元前三、四世紀遊歷印度的希臘人梅伽斯提尼的記錄中看到。在他

屬於印度河文明時期的赤陶印章

印章上的主人翁，雙膝盤坐在一個類似後來佛教造像中的須彌座上，這是標準的瑜迦禪定坐姿，雖然我們無法看到他的面目表情，但披散著的頭髮和長長的鬍鬚，表示他是一位遠離城鎮的住林者，長期的禪定冥想，可能使他成為一名頗有成就的聖者。

的眼中，「當時的印度有兩種哲學家，一種是婆羅門，另一種就是沙門。沙門不住城中，甚至不住在屋裏，穿樹皮衣，吃橡子，用手捧水喝，不結婚，不生子，行苦行，枯坐終日不動。」（參見《季羨林文集》第七卷原始佛教的歷史起源問題）從這些地方看，他們沒有婆羅門的祭祀活動，也沒有五花八門的宗教儀式，沒有寺廟，過苦行生活，而且嚴格禁欲，並重視禪定。而婆羅門在當時是人間的至尊，他們享受的可能是人間最為豪華的物質生活，這種差別是非常顯而易見的，以至於在一位外國使臣的眼中，被區分得一清二楚。看來，不僅兩種文化思潮是相互對立的，所宣導的生活方式也是完全不同的。

其實苦行與禪定並不是這一時期的產物，它應該源於亞利安人進入前的印度河文明時期或者更早，這種修行與悟道方式應該出於傳統的土著文化。從出土的屬於那個時期（印度河文明時期，約西元前三〇〇〇年）的赤陶印章上，我們可以見到類似禪定者的坐姿，周圍還有一些動物。這一標準的瑜伽行者的造型，後來被融合到亞利安人的吠陀教中，成為後來印度教濕婆神的原型。（《高級印度史》印度R．C．馬宗達等著）。因此，在印度苦行與禪定的傳統一直流傳著，只是這一時期，它已經被添加了更多的政治與種族文化的色彩。

就在印度沙門運動風起雲湧的同時，正處於春秋時代的中國，也在興起一場類似的文化運動。諸子百家的思想，似乎在一夜之間突然成熟起來，類似的辯論相互摩擦出閃亮的思想火花。如同夏季深夜爭相鼓噪著的鳴蟬，震撼著帝國衰敗而鬆弛的神經。而這種雜亂鼓噪之聲，通過必要的淘汰與整合，最終形成了以老莊為代表的道家系統，和以孔孟為代表的儒家系統。同樣在印度西元前六世紀前後的沙門運動，由最初的九十六派學說、六十二種觀點，得以保持並流傳下來的，就是佛教和耆那教兩大系統。有趣的是釋迦牟尼與他同時代的中國聖人老子、孔子，隔著高亙的喜馬拉雅山創建著各自的系統，引領著未來二千多年影響了地球上三分之二人類意識形態的思想風騷。

當時的沙門運動，對悉達多王子的影響非常大，出家做比丘的想法，在他心裏已經紮下了根。但是新的障礙出現了，獨生子的降生，使他感到無奈，據記載當他得知兒子出生時，大叫道：「束縛產生了，枷鎖產生了。」所以，為兒子起名叫羅睺羅（梵文Rahu為束縛之意）。但出人意料的是，這位被比喻成「束縛」、「障礙」的兒子，六年後也跟隨釋迦牟尼出家，成為他父親堅定的追隨者，最終被譽為佛陀最有成就的十大弟子之一。

此時的悉達多王子不想再等了，決定盡快出家。西元前五三六年（中國東周景王九年），這年孔子已經十四歲，正在醞釀著一年後的那次決定他一生的「志於學」的誓願。此時二十九歲的悉達多王子，卻在忙著為離家出走，秘密地做著各種準備。據記載，他是在小王子羅睺羅出生的那天晚上離開家的。臨行前他來到母子兩人的住處，此時他們都已熟睡。為了不給自己出家製造麻煩，他沒有去抱剛剛出生的小王子，只是站在那裏仔細端詳，自言自語道：「再見了，等我覺悟後，回來見你們。」然後迅速離開。（《因緣記》）他悄悄離開王宮，一位忠誠的車夫把他送出城。黑夜之中他們穿過一條河，在岸邊進行了短暫地休息。此時王子用提前準備好的劍，將頭髮和鬍鬚剃除，然後脫下華麗的衣飾，鄭重地交給車夫，請他帶回交給父親，自己換上事先準備好的黃色袈裟，開始了他苦行僧的生活。經中又不失時機地對悉達多王子的出家，做了一些神話的描述，據說是天神們為他打開城門，護送他離去的。（《神通遊戲》）

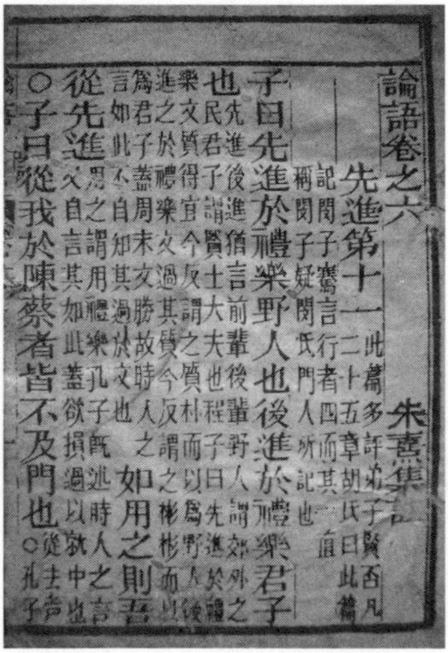
論語卷之六　朱熹集注
先進第十一
子曰先進於禮樂野人也後進於禮樂君子也……從先進
○子曰從我於陳蔡者皆不及門也

朱熹《論語集注》書影

孔子及其高足的言論被他的學生們記錄下來，這篇語錄體的著作名為《論語》。宋代大儒朱熹對這篇著作按照他自己的理解，進行了系統而全面地注釋，這個注釋本還包含了《孟子》、《大學》、《中庸》，合稱《四書集注》，成為後世歷朝政府推舉的官方教材，也成為科舉考試唯一遵循的「標準答案」。

參、苦行與漫遊

古老的習俗

他開始身無分文，隨身帶著一個缽，光著頭、赤著腳四處漫遊，過著沒有固定住處的沙門生活。其實當時所有的沙門行者都是這樣的，他們靠托缽乞食來維持生活，這種乞食一般都在午前，過了中午不可以再吃飯。所以佛教早期有「過午不食」或「日中一食」的戒律，這些人被稱為「乞士」。從常識上理解，他們的社會地位一定很低下，但在印度，他們卻十分受人尊重。因為「乞士」之意是上乞法以求得個人解脫，下乞食以度化眾生。這些都被早期佛教繼承下來，以至現在南傳佛教各部的僧侶們仍然保留著這種生活方式。

王子決心出家苦行，是有充分心理準備的，但這並不表示他一開始就習慣這種生活。經中記載了他第一次進城乞食後，回到城外，在一座山丘後面進食的情形。由於平生第一次吃這種討來的食物「難以下嚥，幾乎嘔吐」。但他卻控制住自己，從容地吃下這些食物（自《因緣記》。資料來源：《佛陀和原始佛教思想》第二章 第四節：出家求道 郭良鋆著）。從衣食無憂的王子，到森林中苦修的沙門行者，我們將會看到，在未來的歲月裏，他還需要跨過的巨大鴻溝遠不止於此。

其實，此前他曾不只一次地與父親談到過出家的想法。父親和整個家族，都無一例外地堅決反對。但是他的決心已定，又有誰能夠阻攔得了呢？這一次，母親的勸說卻例外地沒有奏效，他曾這樣回憶道：

「當時我還是個孩子，黑髮覆額，風華正茂，正處在生命的初期階段。父母哭泣淚流滿面，我竟不顧一切地辭家而去，剃除鬚髮，身披袈裟，從此成為一位出家之人。」（《印度佛教史》四十九頁（英）渥德爾著）

在許多中國人的眼裏，王子出家，似乎是一件非常不可思議的事情。因為在中國的傳統中，孝道是重要的禮制基礎，所謂「父母在不遠遊」，離家出走，是不可思議的。即使佛教進入之後，很長一段時間裏，中國仍然沒有出家眾，漢、魏時期，政府明令禁止出家的行為，當時的出家人都是來自西域的「胡僧」。所以據史料記載，直到三國時才有洛陽人朱士行剃度出家，從此開了漢人出家的先例。

但是在印度則完全不同，因為在古代印度，出家是一種非常常見的事，甚至是完成個人道德修養的必經環節。古印度人很早以前就認為「解脫」是人的四種欲望之一，欲樂、資財、人道、解脫，是人生不可缺少的四種基本欲望。追求解脫也成為他們日常生活中不可缺少的一部分，這種觀念一直流傳到現在。

在當時的印度，關於解脫，既是哲學領域所思索的問題，也是宗教修養所追求的終極目標。對於解脫問題的思索不僅包括婆羅門的哲人、隱居的仙人、女性、以致還包括了娼婦、私生子等賤民階層的小人物。（參見《印度古代文化》武田豐四郎著。）這種解脫是從生理上、道德上、智力上、靈性上獲得絕對的自由，以達到人格的最終完善。所以用一個不恰當的比喻來形容，在古代印度，人人念念不忘地思索解脫問題，就如同於古代中國人時時關注的孝道問題一樣，打破了年齡、性別、社會地位等諸多條件的限制。

早在釋迦牟尼出生之前，婆羅門就為再生族（婆羅門、剎帝利、吠舍三種姓），制訂了四個修養期（也稱四住期、四行期、四居期）。第一個時期為梵志期、第二個時期是居家期、第三個時期是住林期、第四個時期是比丘期。（參見《印度古代文化》武田豐四郎著）當然，這些修養期是拒絕首陀羅參加的。

我們前面曾經談到過，本來婆羅門教是一種原始的泛神教，只有簡單的祭祀行為，沒有關於解脫的理論。漸漸地根植於土著文化中的解脫意識，慢慢的影響到婆羅門教，後期《奧義書》時代，婆羅門大量汲取了土著文化中有關苦行、禪定、悟道、解脫的學說，並巧妙地將人道義務與出世修行結合起來，把它加入到婆羅門教的內容中。只是這種人生規劃又被附著了一層種姓制度的色彩。

首先梵志期是指，到了一定年齡的未婚男子，寄住到專業的婆羅門教師開辦的學堂中，跟隨他們學習吠陀經典。因為當時的經典並沒有文字，而是以口耳相傳的方式進行傳誦，所以背誦是要花費相當多的時間。作為對教師的尊重，入學時要舉行莊嚴的入學儀式（也稱入法式），進行某種宣誓，還要向老師送上一份厚禮，就如同我們國家某些傳統行當保留下來的拜師儀式一樣。入學儀式還伴有一種授「聖線帶」的禮儀，「線帶」是一種佩戴於右肩，垂於身體左側的象徵性飾物，這種佩戴方式很容易讓人們聯想到那些身披緞帶的禮儀小姐，所不同的是，線帶應該比較纖細，因為這種表示已經成為「再生族」的標誌性飾物，將終身佩戴，不可以隨意取下。（《世界各民族歷史上的宗教》第十五章〈蘇〉謝．亞．托卡列夫著）全部儀式完成後，學生們被禁止回家，直到學業修滿。三種姓子弟的入學年齡都有嚴格的規定，婆羅門是八歲、剎帝利是十一歲、吠舍十二歲。在學期間，他們將身著統一的服裝，每日除讀頌吠陀經典外，還要經常從事沐浴、齋戒、焚香木、燃聖火等宗教儀式。梵志期有十二年、二十四年、三十六年、四十八年，幾種不同年限，可以按照個人需要，任選一種來完成。也可以選擇終生留在學堂，直到終老。（參見《印度古代文化》武田豐四郎著）

第二個階段是居家期，就是梵志期學業修滿後回家完成各自的俗務，如結婚生子、持家生活等義務。當然剎帝利種姓還要完成他們統治國家、管理軍隊等社會義務；這一點是將世俗義務與追求解脫的宗教行為進行協調的重要步驟。值得說明的是，這種方式有助於保障社會人口的穩定增長，也有效地平衡了世間生活與出世間修道之間的矛盾。

再下一步是住林期，是指完成結婚生子等社會義務之後，隱居森林，勤修禪定、苦行以求悟道。古印度的許多哲學、宗教思想，都是這些住林者通過禪定冥想而發現總結的所謂真理，所以有人稱古代印度的文化為森林文化。由於自然環境所致，印度人自古就對森林樹木有一種特殊的情感，它們不僅可以遮風擋雨，還可以使惡劣的環境得到改善。因此，樹木成為古印度人世代崇拜的自然物，他們相信在樹下修習禪定，有益開悟，這種觀念在佛教之前就有。在亞利安人的傳統宗教中以天神濕婆為象徵的樹木被稱作「濕婆樹」，它屬於喜馬拉雅地區特有的松樹，現代印度教的廟宇中仍然奉養這種聖樹。佛教產生後，從經典中看，過去諸佛成道，都是在某種樹下，這幾乎成為公式。釋迦牟尼的一生更與樹的記載分不開，出生、成道、涅槃，以至於傳教說法，都離不開樹。到現在佛教界仍然將道場、寺院稱為「叢林」。可見森林樹木在古印度人的心目中，佔據著相當重要的地位，這的確是森林文化的重要表現。

比丘期是人生的第四個時期，是棄世出家為僧，以天下為家，托缽乞食、遊化行腳、依律修行，以求解脫。筆者將這四個時期用我們現在的觀念解釋一下就是：「求學立志期」；「享受生活期」；「退休深造期」；「出家證道期」。

印度歷史上晚年的出家者，特別是以國家元首的身分出家的，多不勝數，其中最有影響的，要屬孔雀王朝的開國之君旃陀羅掘多。這樣一位印度歷史上的千古一帝，竟然也在晚年放棄權利，隨耆那教出家，並嚴格按律修行，最後終老於森林中。（《高級印度史》印度 馬宗達等著）經中記載，釋迦牟尼的父親為了打消兒子出家的念頭，曾經表示要將王位讓給他，自己出家去作比丘，完成人生的最後解脫。

我們可以注意到，古印度人非常重視宗教生活。四個時期中，與宗教相關的生活，佔去了四分之三。由此就不難想像古代印度為什麼會出現那麼多的哲學家、思想家及宗教家了。

有趣的是在泰國，至今還保留著一種人人都要過出家生活的習俗，在那裏每個人都要為自己安排一段時間到寺院去過出家生活。這段時間裏，出家者必須與寺院的僧人過同樣的生活，托缽行化、過午不食、熟讀經典、嚴持戒律。所不同的是這種出家生活不一定是終身的，而是可以按照個人的計畫進行，從幾個月到幾十年。還俗後還可以各自過常人的生活，也可以多次出家多次還俗，這實際上是古印度四住期傳統的一種延續。

其實，釋迦牟尼的人生也沒有脫離這個模式，他幼年時是按照剎帝利種姓的要求嚴格地學習吠陀經典，並有專門的教師。據一些原始經典的記載，當時的釋迦牟尼，也是與一些同族、同種姓的同齡人一同到固定的場所去接受教師教學的。只是這一時期的學習，沒能滿足他對最高真理強烈的求知欲，換句話說就是他對吠陀經典有所懷疑。成年後結婚生子，再後來，他也仿效住林期的生活走入森林。只是此時他並沒有完成居家期的所有義務，最重要的就是作為剎帝利種姓所應完成的義務。這次離家，他是想將後兩個階段一併完成，也就是說，他先自剃鬚髮，以出家人的身分，進入森林。雖然他後來拋棄了苦行的行為，但最終悟道還是在森林中，所以說釋迦牟尼是屬於他那個時代的。

家族的聖人們

此外，釋迦牟尼的出家可能也與家族宗教對他的影響有關。他在接觸婆羅門及沙門思想之前完全可能接受過家族宗教的教育，這一點我們曾經提到過。這種傳承於家族的宗教，應該歸屬於土著人的宗教，與沙門思想是一脈的。前面我們曾提到，釋迦家族並非亞利安人，此時亞利安人的勢力主要還在西方，所以釋迦族所在的地區，土著文化被保存得相對完整。他在幼年

本生故事壁畫 德國柏林印度美術館藏

佛塔 西藏脫模泥造像

印度的窣堵波，演化為後世不同地區風格迥異的佛塔，西藏佛塔就是其中一種。

時可能接受過家族宗教中有關禪定的訓練，不然他不可能在幼年時就能熟練地駕馭這種特殊的「心智遊戲」，並深得其要領。其次佛經中多處的記載提醒我們，釋迦牟尼並不是唯一的佛，並且從國師對王子未來情況的描述中，我們也不難知道「佛陀」的稱呼，至少在釋迦牟尼出生前就已經有了。

從一些考古發現中我們得知，阿育王時期（佛陀滅度後二百年左右——筆者注），至少在釋迦牟尼以及之前的兩位古佛的出生地整修或擴建過窣堵波（供養舍利的建築，也稱佛塔），這種整修和擴建是在原有的基礎之上進行的。這一點我們可以在阿育王時期的三根石柱上找到答案。

就在釋迦牟尼滅度一百六十二年後（西元前三二四年），一位強權者依靠自己的實力，在摩揭陀國的基礎上，建立了印度歷史上第一個強大而統一的大帝國。五十五年後，他的孫子繼承了王位，那就是著名的阿育王。

這是一根樹立在尼伽里哈瓦村的石柱，一八九五年被考古學家發現，上邊的銘文記載了阿育王在灌頂十四年後，命人將供奉拘那含牟尼佛舍利的窣堵波擴大了一倍，在灌頂二十年後，親自到此地禮拜並樹立此柱的過程。由此看來當時這裏既有窣堵波，也有供奉的舍利，據史家推斷這裏應屬拘那含牟尼的出生地。據佛經記載，拘那含牟尼應該是釋迦牟尼所說的過去七佛之一，賢劫第二佛的名號，應該排在過去七佛的第五位。

第二根石柱是一八九六年在著名的藍毗尼發現的，這個地方我們不會感到陌生，因為它是釋迦牟尼出生的那座花園的名稱。石柱上面的銘文記載阿育王在灌頂十二年後，親自拜訪並禮拜此地，後命人在這裏建築一道石牆，並豎立石柱的過程。為了表示他對釋迦佛陀的敬意，還下令將這一地區的土地年供減免，並調整稅率，降低稅收，使得佛陀家鄉的百姓們大受實惠。

第三根石柱發現於尼泊爾提羅拉克特西南六公里的科提哈瓦。此柱沒有發現銘文，但卻有窣堵波的遺跡。依據玄奘的記載，應該是屬於賢劫第一佛拘留孫的舍利供奉地。據佛經記載，拘留孫是過去七佛的第四位，按照印度建舍利塔的習俗，這裏應是此佛的誕生地。

據考證發現，這三根石柱所在的地方，都在當年迦毗羅衛國境內。（參見《源流與流變——印度初期佛教研究，方廣錩著》）

在釋迦牟尼滅度二百多年後，以阿育王為代表的佛教信徒，仍然在修復過去佛的窣堵波，這說明當時人們是完全認可佛教的悠久傳承，並將過去佛與釋迦牟尼放在同等的位置上，加以崇拜與尊重。

根據以上的發現，我們有理由認為，至少拘那含牟尼、拘留孫這兩位古佛，與釋迦牟尼一樣，出自釋迦宗族。而且在釋迦牟尼成道之前，這兩位古佛的教法一直在釋迦宗族中得到傳承。從玄奘的《大唐西域記》的記載中，我們可以得知，在釋迦牟尼時期，從佛教僧團分裂出去的提婆達多一系，在一千多年後，仍然與佛教僧團同時並存於印度，這兩個系統同時都拜過去佛，只是提婆達多一系不承認釋迦牟尼而已。由此推斷，釋迦牟尼、提婆達多出家前都已經接受過這些傳統宗教的教育。釋迦牟尼覺悟後，仍然自稱為佛，不失對宗族宗教傳統的繼承與發揚。釋迦牟尼從來沒有說過自己是唯一的佛，而且反覆告知弟子，過去世有佛出世，這說明釋迦牟尼是很重視這種宗教傳承的。並不因為自身的徹悟而拋棄這些傳統，相反他在告誡人們，佛教的淵源是很長久的，自身的覺悟也是在繼承與學習先人的教法與經驗中而得來的！

所以釋迦牟尼在經中對過去七佛（其中最後是釋迦牟尼本人——筆者注）不只一次指名道姓地描述，就不應該被看作是簡單的神話傳說了。從出土的石柱上，我們可以認同七佛中，至少有三佛是歷史上真實存在過的人，而且到釋迦牟尼滅度二百多年後，仍然受到以阿育王為首的佛教信徒們的禮拜。此外，在佛經中，釋迦牟尼還描述這些過去佛都有著相似的在家與出家生活的經歷：

「過去毗婆屍佛，剎帝利姓。發淨信心，而求出家，成正覺道；屍棄佛、毗舍浮佛，亦剎

帝利姓……。」（佛說七佛經）

從以上的的經文中，我們可以了解到，過去佛中毗婆屍佛、屍棄佛、毗舍浮佛都屬於剎帝利種姓。這樣一來，釋迦牟尼以王子身分出家，就具有仿效先賢的意味，換句話說，以剎帝利種姓身分出家嚴持戒律、精修禪定在釋迦宗族的歷史上早已有之。如果我們再對佛經進行研究，就會發現一些更加有趣的問題。釋迦牟尼在經中還提到過去佛都有自己的後代，甚至都有確切的名字：

「毗婆屍佛有子，名曰方膺；屍棄佛有子，名曰無量；毗舍浮佛有子，名曰妙覺；拘留孫佛有子，名曰上勝；拘那含佛有子，名曰導師；迦葉佛有子，名曰集軍；今我有子，名曰羅睺羅。」（《長阿含》．卷一）

這段經文似乎給我們一個暗示，曾出自他家族的這些聖人們，可能都是按照傳統的方式，完成了居家期所有義務之後，出家完成悟道與解脫的。這樣看來，「四居期」的人生計畫，確實被這些剎帝利們嚴格地履行著！出家的行為可能是他們最後的歸宿。所不同的是，釋迦牟尼並沒有完成居家期的所有義務，就受到當時流行的沙門思想的影響提前離開家，走進森林。在那個時代，那種歷史背景之下，更凸現了他追求最終真理，求得徹底解脫的急迫感，也反映了那個特殊時代與環境給予他的薰陶與啟迪。在當時他的行為並非古怪離奇，他的一生仍然是傳統而樸實的。

難行路上的苦行僧

回過頭，我們再來關注這位剛出家的王子。起初他只是想一心一意地修苦行，所以他想為自己尋找一位真正的老師，其實更重要的是他想找一個適合自己的修行法門。他有意避開婆羅門教的系統，因為他對那些盲目的信仰不感興趣，他不願意相信吠陀經典裏有關神創造萬物的學說，所以他對吠陀思想中的神學權威是徹底排斥的。他更喜歡當時流行於沙門行者中的那種實證主義哲學，所以我們有理由相信，對於老師與法門的選擇，在他出家前就已經開始了。

悉達多王子之所以要拜訪後來的兩位老師，主要是因為他們都是專心瑜伽（舊譯「相應」。佛教早期就借用來表示總攝修心、修慧的法門。瑜伽有八支，即禁戒、持戒、坐勢、制感、調息、持攝、靜慮、三摩地）重視禪定、修心等啟發智慧的實證派。這些教派都反對種姓制度，甚至認為首陀羅、女人乃至鬼神都可以通過學習與修持得到解脫，悉達多王子非常尊重他們。經過一番周折，他慕名來到第一位老師的住處，他很禮貌地與這位苦行僧進行了短暫的交談，並得到允許，跟隨這位老師學習他的教法。老師對他講，有智慧的人可以通過遠離罣礙、煩惱的如實智，完全證悟他的教法，並能樂住（定）在這種法中。看來這種法已被這位老師證悟，並且能深定其中。王子慶幸自己找到了一位有修證的老師，所以他發誓要將這位老師高深的教法全部學到證到。之後他與這位苦行僧同住並很快就能掌握此法的理論，並且倒背如流。他相信老師的法絕不是簡單的信仰，一定能夠通過直觀進入法中。於是他請求老師傳授這種禪定法，老師馬上將這種定法傳授給他。不久他就證到了老師的教法，並像老師所說的那樣，能夠樂住其中。

這種將精神注於虛空境界的定法，被稱為「無所有處定」，或稱「空界定」。釋迦牟尼成道後，將這種禪定斥為外道邪定。「外道」是指佛教以外的學派，佛教自稱是向心內求證的法門，其他佛教以外的學派都被稱為心外求法，所以稱其為外道。「邪定」是相對於佛教後來的「正定」而言，這種稱呼只是為了便於對佛教與非佛教加以區分，本身並沒有什麼貶義。

不久王子就精通了這種禪法，並向老師請教更高深的法。苦行僧以異常尊敬的態度邀請他與自己一道作為那些同修者的導師，並坦率地告訴他，這就是他所修之法的全部。悉達多王子覺得這種教法，只能使他達到「無所有處」的定境，但沒有使他達到「滅苦」和顯發「智慧」的目的，只是在思維的境界上有所提高。他非常清醒地知道自己還沒有徹悟真理，這樣去教導別人無異於以盲導盲，所以他謝絕了老師的好意告辭離開。（巴利三藏《中尼迦耶》第二十六、

三十六經。資料來源：1、《佛陀和原始佛教思想》郭良鋆著。2、《佛陀與佛法》斯里蘭卡 那爛陀著）

不久悉達多王子又來到另一位老師的住處，並得到允許在他的門下學習另外一種禪定。據記載，這種定法是古印度自古無人能夠超越的最高禪定境界，叫做「非想非非想處定」。進入此種禪定者，沒有粗想，（粗想是人們平常的意識，或進入初級禪定後的思維意識——筆者注）但又不是沒有細想（指禪定狀態下的細微意識，一般是指精細的觀察力——筆者注）。悉達多王子很快就能嫻熟地駕馭這種禪定。這位老師向他發出了同樣的邀請。悉達多王子又一次認真地檢討了自身的修行目標，他仍然覺得，到目前為止這些禪定沒能達成他的目的，覺悟的曙光還遲遲沒有到來，最後他仍然選擇了告辭離開。（巴利三藏《中尼迦耶》第二十六、三十六經。資料來源：1、《佛陀和原始佛教思想》郭良鋆著。2、《佛陀與佛法》斯里蘭卡 那爛陀著譯）

他雖對這些理論和修持感到不滿足，但不可否認這些理論與他親身的實踐，卻為他未來所創建的佛教提供了一些有益的東西。成道後的釋迦牟尼並不排斥這些教法，他後來也把他親身實踐過「非想非非想處定」的禪法，列為世間法（世間法是指三界中一切緣生緣滅的無常事物。也就是說修此定法仍然不能超越三界，得到解脫。——筆者注）最高的禪定境界，這種禪定的修持方法，也被佛教繼承下來。

離開老師的悉達多王子，開始認真地思考問題到底出在哪裏？他意識到他一直在向外求法，他所求得的法，都已經歷了親身的實踐，但還沒有使他了悟最高的真理，看來是過分依賴法的緣故。他決定不再向別人尋求幫助，用更嚴酷的苦行，來使自己達到深定自醒的狀態。為此他一邊漫遊，一邊尋找適合自己的修行處所。佛經中找不到他拜訪其他老師的記載，但我們完全可以想像他會在這段時間裏不停地拜訪各個學派的學者，如果不是這樣，他也就沒有必要來到這個熱鬧的學術中心。經中說他離開以上兩位老師後開始漫遊，這段時間裏，他不會只是默默地行走，很可能是與各派學者進行交流、相互探討和辯論。

佛陀釋迦牟尼 約西元十世紀 吉大港，傑瓦里

慈祥寧靜，這是將近二十個世紀以來，佛陀造像所追求的最高真諦，是佛陀常在定中、定無出入的真實寫照。可以想見，與這樣一位導師在一起，你定能得到內心的安詳與平靜，並生出無限的慈悲。

當他來到悠樓頻羅鎮時，發現這裏有成片的原始森林，旁邊還有一條美麗的河，這條河就是著名的尼連禪河。周圍還有一些村莊，便於使他得到供養的食物，這裏可以說是非常適合修道的環境。據後來他對弟子們講，他一見到這個地方，就非常欣喜，於是決定留在這裏開始他的苦行。這裏有一片當時著名的「苦行林」，很多修習各類苦行的沙門都集中在這裏，進行著各種稀奇古怪地苦行。

此時他的姻親憍陳如等五人聽說他出家苦行，尋求真理，也跑來跟隨他，他們應該全都是他的族人，他們很有可能早於釋迦牟尼出家，並已經在森林中度過了一段時間。但經中針對這五位比丘也有另一種說法，據說，他們是淨飯王派來陪同王子的，換句話說是來照顧他的，這種說法可能存在一些問題，因為在修行過程中，他們的地位似乎非常平等，他們之間甚至互稱「同修」，（《佛陀於佛法》第二章：苦修成道 那爛陀長老著 釋學愚譯）這個詞可以對應現在所說的「同學」，此後他們在一起共同度過了六年的苦行生活。後來他們之間還因為在修道方法上意見不合，五位比丘還曾很不客氣地離開王子揚長而去。從這點上看，他們受淨飯王派遣跟隨並照顧王子的說法，顯然與事實存在著很大的差距。

王子開始靜坐並且深思，此時他的腦海裏出現了一些問題的答案。成道後，他曾經對他的弟子們回憶當時的想法：

「即使使用最好的鑽火棍，也無法將侵透了水的木頭鑽出火來，作為沙門如果不迴避和克制愛欲，相反渴求貪戀它，即使他再經過激烈痛苦的體驗，也無法得到正確的知、見及無上正等正覺。」（《薩遮迦大經》）資料來源：《佛陀和原始佛教思想》郭良鋆著）

此後他開始實踐迴避、克制各種渴求及欲望的方法：

「我當時這樣想：我若是咬緊牙關，將舌頭貼緊上顎，以正念控制、戰勝、以致消滅欲望，將會怎樣呢？」

「……所以，我就這樣去做，在不懈的奮鬥之中，汗水不住的從腋下流淌下來。」

「……就像一位大力士，抓住一位弱者的頭或肩膀，把他摜倒在地，使他聽命於自己，我就是這樣做的。」

「……精力充沛，不屈不撓，正念不受干擾。但我的身體卻被搞得筋疲力盡，由於不懈的苦修而痛苦難忍，身心不得安穩。雖然產生痛苦的感受，這並沒有影響我的心識。」（《中部》第一卷，第三十六經。資料來源：《佛陀與佛法》斯里蘭卡那爛陀著）

當時的人們認為要想悟道，就要斷絕各種欲望，其中食欲、色欲是人類解脫的最大障礙。這種方法並沒有使悉達多王子達到目的，於是他想進一步修習「止息」禪定。據經中記載，這種定法是在禪定中控制呼吸，一直到使呼吸停止，這可能是通過苦行的方法，控制欲望的一種手段。很顯然這種禪定並不是他的獨創，它是傳統苦行中一種非常流行的方式。我們可以注意到，此時的王子是在逐一地實踐這些當時苦行林裏流行的各種苦行方法。所以釋迦牟尼來到這裏完全可能帶著學習的目的，從他後來六年中幾次改變苦行方式這一點上看，他始終處在學習中。

這種「止息」的修習方法，一直到上世紀八十年代印度還有相關的報導，說有位瑜伽師修習止息禪定，可將自己沉入水中一周時間。聽說這種奇怪的修行法會產生一種「神通」，那就是不用鼻子呼吸，用耳朵或者眼睛，再往後控制住所有的七竅，可以用身體的皮膚來呼吸。王子成道後曾談到他修習止息禪定的過程：

「接著我想：如果我修習止息禪定，會怎樣呢？」

「……我控制住自己的口腔和鼻子，不用它們做呼吸。此時，空氣開始從耳朵灌入，如同鐵匠風箱裏鼓起的勁風。令人震耳欲聾。」

「……我振作精神，精進不息，正念由此而不受干擾。由於長久地堅持不懈，我身體虛弱，煩躁不安。但是，這些痛苦的感受並沒有影響我的思想。」

「……接著，我想：如果我繼續修習非呼吸之法，又會怎樣呢？」

「我控制住鼻、口、耳，不使他們呼吸，此時被困在體內的氣體撞擊著我的頭顱，發出猛烈的悸動。如同一個大力士拿著一把鋒利的鋼鑽，在頭頂上鑽了一個窟窿。但是，這些身體上的痛苦並沒有給我思想上帶來任何影響。」

「接著，我想：如果我再次深入修習非呼吸禪定法門，那該怎樣呢？」

「我極力控制住口、鼻、耳的呼吸，這時我的頭如同裂開一樣疼痛，難以忍受，就像被一位大力士用堅硬的皮帶，牢牢的捆住。我的頭疼得難以忍受。」

「但是，我仍然振作精神，精進不息，如此不堪忍受的痛苦，並沒有影響我的思想。」

「然後，我又想：如果我再一次修習非呼吸的禪定，那又將如何？」

「於是我止息住從口、鼻、耳的呼吸。此時，更強大的氣流衝擊著我的肚皮，如同被一位嫺熟的屠夫，用鋒利的屠刀割開一樣。」

「但是，我精力充沛，精進不息，如此不堪忍受的痛苦，並沒有影響我的思想。」

「我又一次想：如果我再次修習非呼吸的禪定，那又會怎樣？」

「因此，我控制住從口、鼻、耳中的呼吸。當我如此屏住呼吸時，巨大的火焰燃燒著我的全身，如同兩個大力士各自用手抓住一個弱不禁風的人，把他放在熊熊的烈火之中燒烤。」

「但是，我仍然精進不息，如此不堪忍受的感受，並沒有影響我的思想。」

「天人見我如此，說道：苦行僧喬達摩死了。但也有人說：苦行僧喬達摩沒死，但正在走向死亡。另一天人說：苦行僧喬達摩既沒死，也不是正走向死亡。他已是阿羅漢，這就是阿羅漢的住法。」（《中部》第一卷，第三十六經。資料來源：《佛陀與佛法》斯里蘭卡 那爛陀著）

此時，按照經中的描述，悉達多王子已經證得阿羅漢的果位，（阿羅漢果是佛教聲聞乘中的最高果位。佛陀成道後，他的弟子一般證得的最高果位就是阿羅漢。據說證得此果者，可以永入涅槃，不再受生死輪迴的果報——筆者注。）但他完全放棄苦行後，最終開悟時，經中也有一處描述他證得阿羅漢果的情況。如果他在這些外道修法中已經得到這個果位，也就沒有必要去走所謂的「中道」了。所以筆者認為此處可能是因為斷食等苦行，使他的生命處在彌留狀態，「天人」說他已經證到此果，可能是一種幻覺，這種幻覺實際上阻礙了他的正常心智，所以他後來放棄苦行，可能與這些體驗有關。

此後，悉達多王子繼續調整自己的修行方法，又在進行一種新的嘗試，他開始斷食，徹底的拒絕食欲，並希求得到最後的覺悟，談到這一過程時他回憶道：

「接下來我這樣想：如果逐漸地減食，只喝少量的綠豆汁，吃一些水果、扁豆等，那又會怎樣？」

「……於是，我嘗試著只喝一點稀薄的湯水，食用極少量的乾糧。（《中部》第一卷，第三十六經。資料來源：《佛陀與佛法》斯里蘭卡 那爛陀著）

斷食後他的信念雖然異常堅定，但他的身體卻每況愈下，這種狀態很可能嚴重干擾了他正常的禪定，他曾這樣描述此時的狀態：

我骨瘦如柴，由於缺少食物，身體的各各部位，如同燈心草的枝節。屁股就像駱駝的脊背。

由於禁食，我的背脊骨高低不平，如同一條串起來的珠子。

由於缺少營養，我的肋骨看起來好像一根根破殘房屋的椽子。

因為挨餓，我的眼珠深深陷入眼眶，如同沉落水底的星星。

由於營養不足，我頭上的皮膚枯萎，臉上布滿皺紋，就像一隻帶生割下來的南瓜，風吹日曬之下，完全乾癟不堪！」

「……由於缺少足夠的食物，肚皮緊貼著背脊骨。當撫摸肚皮時，我就會抓著背脊骨；當觸摸背脊骨時，就會碰到我的肚皮。

由於營養不足，大小便時，我會因站立不穩而倒下，使勁地捶打我的肢體，想使身體恢復知覺。但糟糕的是，由於缺乏營養，我身上的積垢塊塊地直往下掉。看到我的人都這樣說：苦行僧喬達摩的皮膚呈黑色。還有人卻說：苦行僧喬達摩的皮膚非黑色亦非藍色，而是黃褐色。由於缺少飯食，純淨的膚色被損壞到如此地步。」（《中部》第一卷，第三十六經。資料來源：《佛陀與佛法》斯里蘭卡 那爛陀著）

對苦行不遺餘力地實踐，並沒有給他帶來預期的收穫。這不是自古聖人們津津樂道的解脫之法嗎？他反覆這樣問著自己。難道這些被先人們反覆實踐過的法，不能達到最終的解脫嗎？他開始懷疑這些苦行之法是否能夠使他達到最終的覺悟。

「……我如此想：無論過去的婆羅門或苦行僧經歷了多麼劇烈的痛苦，難以忍受的感受，我所經歷的痛苦他們不會超過的。無論未來的婆羅門或苦行僧經歷了多麼絞心的痛苦，難忍的經歷，但不會超過我所經歷的一切。但是，這些痛苦和難忍的經歷並沒有給我帶來超越世間，乃至獲證究竟圓滿的智慧。也許有另一條通往覺悟的途徑。」（《中部》第一卷，第三十六經。資料來源：《佛陀與佛法》斯里蘭卡那爛陀著）

此後，他開始對自己將近六年的極端苦行，進行徹底反省，因為他意識到這種極端的行為可能是一條無法走通的歧路。

菩提樹下的孤獨行者

通過認真的思考他終於明白了，極端的苦行與極端的縱欲同樣是缺乏理智的行為，也是違背人性的。要想徹悟真理，就不應去實踐違背真理的方法。這種苦行完全是非理性的自我折磨，一個人如果時刻掙扎在生死的邊緣，在身體羸弱、智慧昏聵的狀態下如何能徹悟真理而達到最終解脫呢？此時他的腦海裏漸漸形成了一個結論，他意識到六年來所進行的苦行是有害無益的，既損害了身體，又影響了正常的智慧，所實踐的禪定是「邪定」而非「正定」。雖然得到一些「神通」，但那與悟道解脫毫無關係。

此後，他的思想愈發清晰起來，既然無度縱欲與極端苦行都是無法走通的路，那麼不苦不樂的「中道」可能就是唯一正確的道路。這一重大發現既為他後來成道鋪平了道路，也形成了佛法的重要理論基礎，這一「中道」思想在後起的大乘佛教中，被廣泛運用到佛教理論的詮釋上，最終形成一套完整獨特的哲學理論體系。它後來也直接影響到中國的孔孟之道和老莊哲學。

問題清楚了，錯誤應該盡快糾正，他立即毫不猶豫地放棄持續了近六年的苦行，當他緩步走到美麗的尼連禪河岸邊時，虛弱的雙腿已經無法支撐他的身體⋯⋯。當他醒來的時候一位牧羊女將一碗拌有奶油的稀飯供養給他，他沒有拒絕。

王子開始追求溫飽，使得跟隨他將近六年的比丘們離他而去，因為他們堅信只有苦行才能解脫，此外別無他法。這也是當時印度最權威的觀念。悉達多王子的行動只有一種解釋，那就是他已經墮落了。此時五位比丘的憤然而去，帶有濃重地決裂色彩，從當時的情況看，釋迦牟尼的行為，顯然嚴重違反了修行界的「遊戲規則」，純屬離經叛道。對於比丘們的離去，王子沒有勸阻。因為他知道自己還未悟道，沒有資格說三道四，只能通過實證，才能肯定自己所悟的「中道」，是不是真正的解脫之路。

尼連禪河的碧波，盪去了他身上六年來的積垢，沐浴後的王子神清氣爽。他盤坐在一棵高大的菩提樹下，憶念起兒時那次令他終生難忘的禪定體驗，為什麼要拒絕那種深禪帶來的快樂感受呢？這種快樂不同於愛欲，是一種善法。他認識到「以極度消瘦虛弱的身體，是難以獲得這種快樂的！」（《薩遮迦大經》資料來源：《佛陀和原始佛教思想》郭良鋆著）此後他開始適當的進食，身體也在漸漸地得到恢復。

出山釋迦 清代木刻板畫

停止苦行的釋迦牟尼走向河邊，他的身體顯得非常虛弱，步履蹣跚弱不禁風。

他開始一個人在林中禪定，這種難以想像的寂寞孤獨，對於一般人來講，可能是難以忍受，甚至是致命的。（《中尼迦耶》第四《怖駭經》。資料來源：《佛陀和原始佛教思想》第二章 第四節：出家求道 郭良鋆著）此時的他沒有同修，沒有同情者，很可能還會遭受他人的誹謗與非議。孤獨沒有使他退縮，因為他認定自己所選擇的路沒有錯，他心定神清，沉思冥想，使這段時間安然度過。

此後，他開始每逢初八、十四、十五的夜裏，來到一些土著人供養鬼神的寺廟、神龕附近打坐禪定。（《中尼迦耶》第四《怖駭經》。資料來源：《佛陀和原始佛教思想》郭良鋆著）他對於神鬼崇拜沒有興趣，只是想在這種特殊的環境下磨礪自己的身心。這些令人恐怖的地方，一般人在夜間是不敢接近的。釋迦牟尼在這裏經歷了內心中不可名狀的種種恐懼。在他靜心思維時，似乎經常有猛獸向他奔來，孔雀將樹枝折斷，風吹落葉發出令人恐怖的響聲。（《中尼迦耶》第四《怖駭經》。資料來源：《佛陀和原始佛教思想》郭良鋆著）一個人在夜間，來到這些令人恐怖的地方，經受這種恐懼，對於一般人來說是不可想像的。對此，他沒有使用咒術等外在的手段，雖然他精通這些方法。他深知，恐懼是自己內心所生，使用那些外在的手段，只能使內心得到短暫的安慰，克服一時的恐懼，但不能使恐懼徹底消除。他開始集中精神，以他獨特的方法對付內心的恐懼。當他踱步時，恐懼襲來，他仍然從容地踱步，直到恐懼消除；當他打坐時，恐懼襲來，他仍然繼續維持原狀，冷靜應對恐怖，直到恐怖徹底被掃除。從容應對，使他的心智經受了前所未有的鍛鍊，直到恐懼永遠地離開他。（《中尼迦耶》第四《怖駭經》。資料來源：《佛陀和原始佛教思想》郭良鋆著）

《般若波羅密多心經》大唐三藏法師玄奘奉詔譯

觀自在菩薩，行深般若波羅密多時，照見五蘊皆空，度一切苦厄。

舍利子，色不異空，空不異色，色即是空，空即是色；受想行識，亦復如是。

舍利子，是諸法空相：不生不滅，不垢不淨，不增不減。
是故空中無色，無受想行識。
無眼耳鼻舌身意，無色聲香味觸法。
無眼界，乃至無意識界。
無無明，亦無無明盡；乃至無老死，亦無老死盡。
無苦集滅道。無智亦無得。
以無所得故，菩提薩埵，依般若波羅密多故，心無罣礙；無罣礙故，無有恐怖；遠離顛倒夢想，究竟涅槃。
三世諸佛，依般若波羅密多故，得阿耨多羅三藐三菩提。
故知般若波羅密多，是大神咒、是大明咒、是無上咒、是無等等咒，能除一切苦，真實不虛。
故說般若波羅密多咒、即說咒曰：揭諦、揭諦，波羅揭諦，波羅僧揭諦，菩提薩婆訶。

在這部《般若波羅密多心經》中，我們可以了解到，恐怖的消除是顛倒夢想的結束，也是通向涅槃的重要一關，而它的先決條件就是「心無罣礙」。此時的王子已經達到了這種狀態。

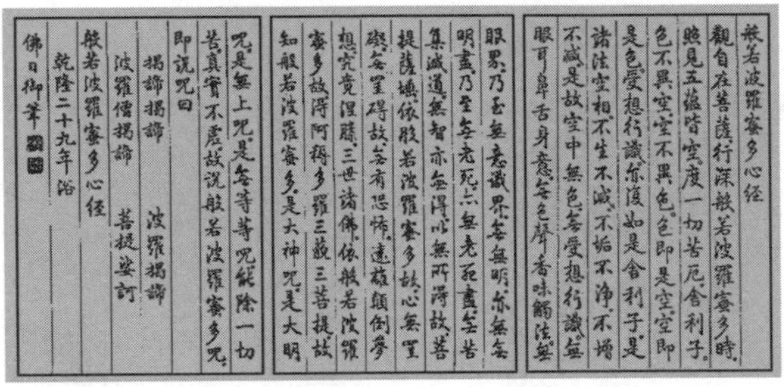
般若波羅蜜多心经
觀自在菩薩行深般若波羅蜜多時，照見五蘊皆空，度一切苦厄。舍利子，色不異空，空不異色，色即是空，空即是色，受想行識，亦復如是。舍利子，是諸法空相，不生不滅，不垢不淨，不增不減。是故空中無色，無受想行識，無眼耳鼻舌身意，無色聲香味觸法，無眼界，乃至無意識界，無無明，亦無無明盡，乃至無老死，亦無老死盡，無苦集滅道，無智亦無得，以無所得故，菩提薩埵，依般若波羅蜜多故，心無罣礙，無罣礙故，無有恐怖，遠離顛倒夢想，究竟涅槃。三世諸佛，依般若波羅蜜多故，得阿耨多羅三藐三菩提。故知般若波羅蜜多，是大神咒，是大明咒，是無上咒，是無等等咒，能除一切苦，真實不虛。故說般若波羅蜜多咒，即說咒曰：
揭諦揭諦 波羅揭諦
波羅僧揭諦 菩提娑訶
般若波羅蜜多心经
乾隆二十九年浴
佛日御筆

乾隆御筆《般若波羅密多心經》木刻版 乾隆二十九年浴佛日

他按照自己熟悉的方法，調整身心，將恐懼等心理障礙一一排除，很快漸次進入初禪、二禪、三禪，一直到四禪。從初禪到四禪，是不同層次的禪定，每進入一個層次，都會給人帶來不同的禪悅感受。但是只有適時地捨棄這些美妙的感受，才有可能進入更高一級的禪定，需要經過相當的過程，才能達到最高層次的四禪。

此時他的內心脫離了一切執著與煩惱，純淨無染、安詳柔和、自心像一面潔淨光亮的鏡子，如實地映現出世間萬法的實相。

據經中記載，在這一夜他依靠正確的禪定，得到了三種前所未有的知見，稱為三明，即「宿命明」、（宿命明是指，能夠了知過去宿世受生之事，名宿命通。還能了知宿世一生至百、千、萬生的姓名，所受的苦、樂感受等。參見《三藏法數》明・一如等撰）「天眼明」、（天眼明，是能夠了知宿世死在哪裏，又轉生何處，名天眼通。此外還能了知我及眾生死的時間，及其身、口、意所造的善惡行為，依這些善惡行為所轉生的不同境界。參見《三藏法數》明・一如等撰）「漏盡明」（漏盡明，因為眾生有三界的見、思二惑，所以就會墮落生、死，故名為「漏」；阿羅漢能夠斷除三界見、思二惑，而得「神通」，稱為「漏盡通」。得此「漏盡通」後，就不再有生死輪迴。三界是指，欲界、色界、無色界。參見《三藏法數》明・一如等撰）。

據說，此時他可以開始輕鬆地憶念起他此生產生記憶以前的諸般事件，這是通向宿命明的第一步。一般人的記憶是從三、四歲開始，成年後，此前的記憶都被遺忘，但據說通過正確的禪定，這些記憶會慢慢恢復。直到越過此生向前追憶，一生、兩生，以致百生……。並清楚地了知每一生所生的地點、姓名、社會地位、所經歷的痛苦與快樂、生命的結束等，這是他對於早已在印度流行的生命輪迴學說的真實體證。這種體證不是釋迦牟尼及其佛教獨有的，在古老的印度，那些專注於瑜伽禪定的行者們，很多都可以達到這種境界。這是他在夜裏第一時，所得到的第一知見。據說這一知見使他消除了對過去的無知，成就了「宿命明」。

佛陀頭像 約西元一—三世紀 犍陀羅地區

這尊頭像的面容與五官，包括髮式幾乎毫不走樣地照搬了希臘同時期雕塑藝術的手法，簡直就是阿波羅神（太陽神）像的再版。這一時期的佛像雕塑家們顯然還沒有從希臘藝術的文化圈裏走出來，抑或在他們的心目中，東方的佛就等同於西方的太陽神。

據佛經記載，他接下來開始憶念眾生的生死，從一道轉生另一道，並發現一切眾生，無論智力低下還是聰明智慧、美麗還是醜陋、快樂還是痛苦，都將依據各自的行為而輪迴世間，這種輪迴（也稱流轉、輪轉等。眾生於六道中猶如車輪旋轉，循環不已，流轉無窮。印度婆羅門教、耆那教等都採用這種理論作為它們的根本教義之一。輪迴的思想最早見於「梵書」，在「奧義書」中有比較系統的闡述。「奧義書」認為，一個人的靈魂（我）在死後可以在另一個軀殼中轉生，轉生的形態取決於他生前的行為（業），行善者得善報，行惡者得惡報，有的可以進入天道、祖道（人間），有的則墮落入獸道，淪為畜生等。佛教沿用了這個原則並作了進一步的發展。原始佛教採用業感緣起的學說解釋輪迴之道。認為眾生今世不同的業力在來世可以獲得不同的果報，貪嗔癡等煩惱可造成惡業，由惡業招感苦報。苦報之果，果上又起惑造新業，再感未來果報，往復流轉，輪迴不止。因此輪迴貫通現在、過去和未來三世，包攝六道（天上、人間、阿修羅、地獄、餓鬼、畜生）、四生（胎生、卵生、化生、濕生）。但是佛教認為有情的生命是依緣而起並且處於經常不息的演變之中，那麼造業、受報、進入生死輪迴的主體是誰呢？有些部派佛教為了解釋這個問題，提出了變相靈魂的「中有」或「中陰」理論。例如犢子部提出了「不可說的補特伽羅」，補特伽羅（我）意譯為「數取趣」，意思是說一次一次地在六趣（道）中輪迴受生，也就是輪迴的主體；經量部提出了「勝義補特伽羅」，認為補特伽羅是由永恆的體性「一味蘊」（「報主的細意識」）所構成，它是由前生轉到後世的主體；大眾部提出「一心相續說」，認為有情的心和心所的相續活動中，有著一種永恆的內在本性，這種本性就是輪迴的主體。以上這種輪迴主體的學說在大乘佛教中又有了新的發展。大乘瑜伽行派認為阿賴耶識在輪迴中被稱為執持識，執持識是無始以來各種生類輪迴轉生的生命的主宰，也就是輪迴果報的主體。（摘錄自《中國大百科全書》）的體證是他在此夜中時了證的第二知見。這一知見使他了知了眾生，依其本身的行為而轉生到不同的境界，成為不同的生物類別。據說此時他成就了「天眼明」，這種見識，仍然不是釋迦牟尼與佛教獨有的，而是以前的聖者們已經證悟過的，只是被釋迦牟尼通過禪定所親身體證的。

他深刻領悟到，這種生死相續的輪迴現象，是一種「苦」，（苦有逼迫之義，是說眾生遇到惡緣惡境等種種外在的影響，身、心受其逼迫，於是產生苦的感受。）並且找到了「苦」生起的原因，也找到了滅苦之道；找到了「煩惱」（梵語音譯為吉隸舍，煩是擾義，惱是亂義，凡能擾亂眾生身心，使之心煩意亂的情事，都叫做煩惱，煩惱一般都是對應外在境界而產生的。）生起和消除的原因，也找到了滅除「煩惱」之道；據說此時，他意識到他已經從煩惱中解脫，因為找到了滅除「苦」與「煩惱」之道，這時他已證得「我生已盡，梵行已立，所作已辦，不受後有（後有即未來生，此生死後所輪迴的未來生。不受後有，就是不再有輪迴，一般都是指阿羅漢的修行結果，所謂無生便無死，因為生是死的因，死是生的果，如要無死之果，必證無生之因，這從根本上區別於各種「不死」、「永生」等以神教為基礎的外道思想。）四智。

這說明他已經成功證得了無上涅槃，這也是他在那夜第三時所悟的第三知見，這一知見則是釋迦牟尼與佛教所特有的，不同於其他外道的修行境界，被稱為「漏盡明」。「漏」是煩惱（佛教中將煩惱分為六種，也稱六根本煩惱：一貪、二嗔、三慢、四無明、五疑、六不正見。其中不正見又包含五種即：身見、邊見、見取見、戒取見、邪見。）的意思。漏盡，就是說煩惱已經盡了，這也是佛法與所有外道最根本的不同之處，稱為不共法，佛法的解脫標準就是漏盡（煩惱盡），這一成果也被稱為外道修行能夠達到的五種「神通」之外的第六種「神通」，其實嚴格地講，它被歸為神通一類，顯然不夠恰當。

此後，釋迦牟尼經過四十九日的禪定思維，參悟了四聖諦（苦、集、滅、道）、十二因緣（一無明、二行、三識、四名色、五六入、六觸、七受、八愛、九取、十有、十一生、十二老死。及其相互之間的因果關係。）等真理。據說眾生生死之間的因果關係的鏈條被一一找到（十二因緣，也稱十二緣起），源流徹底弄清，明瞭了超越生死輪迴的最高真理。據佛經記載，此時的釋迦牟尼意識到，自己已是真理的擁有者，他已經成為覺悟的佛陀。這年正是西元前五三〇年，他三十五歲。就在這一年二十一歲的孔子已經是一位博學之人了。

西藏脫模泥佛像（擦擦）

釋迦牟尼立像 石雕 約西元二—三世紀 犍陀羅地區

這一時期，佛教造像運動在犍陀羅地區方興未艾，大批精美的佛像被創造出來。除了面目與髮式還保留了一些希臘雕塑的造型特點外，整個雕像已經開始走入東方特有的程式化模式中，缺乏變化的衣褶、偏胖而比例失調的形體，近乎呆板的站姿，這些因素一直影響到後世。

據此我們可以肯定，釋迦牟尼覺悟後，並沒有很快離開這片森林，經中對他這段時間的情況也有比較詳細的敘述。據說在第一個七天裏，他於菩提樹下享受解脫之樂，並於第一個七日結束之夜，重新思維十二因緣法，並得到圓滿的結果；第二個七日，他從菩提樹下移至一棵榕樹下，繼續禪定，享受解脫之樂，此間他曾回答了一位婆羅門提出的什麼是婆羅門的問題。在這裏釋迦牟尼給婆羅門下了一個定義：婆羅門應該被解釋為摒棄邪惡、不傲慢、不污染，控制自我、通曉知識、尊侚梵行。（《律藏》《小尼迦耶．自說經》）這些話可能是針對當時一些婆羅門行者腐化墮落的現實情況而言的，從釋迦牟尼對婆羅門給予如此高度的道德定義這一點上看，他並沒有完全否定婆羅門教原有的道德規範，而是希望那些屬於婆羅門教的信徒們能夠純潔自己的思想與行為；第三個七天，他又從這棵榕樹下移至另一棵叫做目真鄰陀的樹下，禪定思維，享受解脫之樂，此時一場暴風雨襲來。據說一條與此樹同名的蛇王，以牠的頭化作一頂傘蓋，為釋迦牟尼遮風擋雨，直到第七日，大雨停止。看來這個時候很可能是雨季，這種連綿的大雨，在印度每年的夏天都會持續三、四個月的時間，所以後來佛教規定，在這段時間，由於行路不便，信徒們都要回到導師身邊，完成三、四個月的集體淨修，也稱結夏安居或稱坐夏。至於蛇王為釋迦牟尼提供保護的傳說，我們大可不必過於認真，這一傳說的根本目的，很可能是強調成道後的釋迦牟尼內心，對於外界的一切順逆境界都不會受到影響，這一切都不會引起他情緒上變化，他仍然從容地進行著他的禪定思維。其實這則傳說，完全可以與後面解釋的關於他戰勝魔王的傳說進行對比，，這些後面還會提到。據說天氣放晴後，蛇王化作婆羅門青年，向釋迦牟尼致敬。這個七天裏他感受到隱居僻處、善待眾生、摒棄愛欲的快樂；（《律藏》《小尼迦耶．自說經》參見《佛陀和原始佛教思想》第二章 第五節：覺悟成佛 郭良鋆著）第四個七天，他又移到一棵叫做羅闍耶多那的樹下繼續禪定，享受解脫之樂。有兩位商人路過這裏，向樹下修習禪定的釋迦牟尼供養了炒麵和蜂蜜。此時四大天王覺察到釋迦牟尼不能直接用手接下這些食物，於是送來四隻石鉢接住食物，供他食用，據說這兩位商人成為他最早的在家弟子。其實這一傳說可能存在一些問題，因為佛經中還有另一處釋迦牟尼最早

西藏脫模泥佛像（擦擦）

接受在家弟子的記載，他們是佛陀早期弟子耶舍的父母及族人，所以此時的兩位商人很可能只是碰巧經過這裏的行路人，見到一位沙門在樹下修習梵行，將身上帶的食物拿出一部分供養他也在情理之中，畢竟供養出家僧人，在印度是有悠久傳統的德行之舉。所以把他們說成是佛陀最早的在家弟子可能不妥。早期經典只提到四個七天的情況，而後期的經典把這個過程描述成七個七日，也就是四十九天，同時又加入很多神話傳說。（參見《佛陀和原始佛教思想》第二章第五節：覺悟成佛 郭良鋆著）

後期佛教經典裏，用了很大的篇幅描述釋迦牟尼在覺悟的過程中降服「魔王」的過程，可謂驚心動魄，這個被稱為摩羅的「魔王」，聽說釋迦將要成佛，感到非常緊張，於是組織各路魔軍，呼風喚雨。據說摩羅使用風、雨、刀槍、熱炭、熱灰、沙粒、泥土和黑暗九種風暴襲擊王子，見王子仍然端坐在菩提樹下無動於衷，於是摩羅親自上陣，騎著大象衝向王子，同時向王子投擲飛輪。沒想到飛輪變成一頂傘蓋，護持在王子的頭頂上方；魔軍們向王子投擲巨石（大山），但這些巨石變成各種花球落在地上。摩羅用盡各種手段，結果統統失敗。後來魔王又派他的三個女兒「欲染」、「悅人」、「愛樂」一同上陣，用各種方法誘惑他，仍然未能如願。（《因緣記》參見《佛陀和原始佛教思想》第二章 第五節：覺悟成佛 郭良鋆著）這三位魔女的名字顯然具有某種象徵意義，這些全都是「愛欲」的同類詞。可見王子在最終覺悟前，仍然要與自心中的那些殘存的「愛欲」進行堅決的鬥爭。

經中有關釋迦牟尼降服魔神的描述，經常使人感到疑惑，彷佛一幕幕的神話故事，但這種描述在印度古代的宗教典籍中卻是非常常見。婆羅門教的早期經典《梨俱吠陀》就是一個例子，那些被神化了的代表亞利安人的英雄們，經常會與那些神格化（或魔格化）的敵人，進行超越時空的大戰。

西藏脫模泥佛像（擦擦）

這位被佛教描繪成阻礙行者成道的「魔王」，在最初很可能是被釋迦牟尼借用來，作為對自心煩惱的一種比喻。由此表述一位聖者，要想戰勝自心的煩惱（人的各類貪欲）就如同打一場戰爭一樣困難。早期佛教經典（巴利文經藏）關於悉達多王子降服摩羅的記載中，雖然也有很多擬人化的描述，但比較容易被還原成所比喻的對象。據說禪定中的王子曾回應摩羅說：「愛欲是你的第一支軍隊；第二支是憂惱（憂慮煩惱）；第三支是饑渴；第四支是貪欲；第五支是昏沉（睡欲）；第六支是怯懦；第七支是疑惑；第八支是虛偽自私；第九支是靠不正當手段獲取利益、榮譽、崇敬和名聲；第十支是吹噓自己、貶低他人。」這些完全可以被理解成修行道路中所遇到的各種障礙，其實仔細分析一下，這「十支軍隊」，沒有一支離開了行者的內心活動，似乎根本沒有辦法與一位外界的「魔」，扯上關係。

看看接下來的話，我們就更容易理解這個問題，王子繼續對摩羅說：「這就是你這個黑色的傢伙賴以進攻的軍隊，懦夫不能戰勝它而獲得幸福……我將用智慧粉碎它，就像用石頭擊碎未經焙燒的泥罐。」，據說聽到這話後，摩羅自動認輸退場。（《經籍・精進經》參見《佛陀和原始佛教思想》第二章第五節：覺悟成佛 郭良鋆著）在這些如同舞臺劇的情節中，我們不難看出類似童話或神話故事的痕跡，其實，它更應該被理解成寓言故事，因為它的目的完全可能是寓教化於神話中。這些在佛教徒口中，世代相傳的故事，在後來被完全書寫成一部完整的經典，使得後人很容易將這些混同於真正的歷史，而忘掉了這些故事本身所要表述的真實含義。

西藏脫模泥佛像（擦擦）

這「十支魔軍」的譬喻，後來在佛教經典中也被總結成「貪」、「嗔」、「癡」、「慢」、「疑」等術語，用以特指眾生內心中各種阻礙佛法修行的習氣，也就是說，只有改變（戰勝）了這些習氣，才可能達到最終覺悟的目標。因為在早期經典中，釋迦牟尼曾把摩羅比作導致貪心、惡意和毀滅的邪念，並將這些說成是聖弟子修行的障礙。（《中尼迦耶》二・二六一、二六二參見《佛陀和原始佛教思想》第二章 第五節：覺悟成佛 郭良鋆著）在另一部經典中他對弟子們說：「把『色』（這裏的「色」與後面提到「受」、「想」、「行」、「識」，是佛教所說的五蘊，其中「色」是指物質世界，包括人本身的肉體，和客觀世界的一切，後面的「受」、「想」、「行」、「識」，是指人通過對外界的觀察與感知，所引起意識方面的作用和反應。佛教認為把這些看作實有，就會墮入生死輪迴的苦海。）看作摩羅、看作摩羅性、看作毀滅、看作膿瘡、看作槍矛、看作痛苦、看作痛苦之源。誰這樣看，誰的觀點就正確，對『受』、『想』、『行』、『識』也應該這樣看。」（《雜尼迦耶》二．一八九參見《佛陀和原始佛教思想》第二章 第五節：覺悟成佛 郭良鋆著）此時的釋迦牟尼，在深禪中領悟到「色」、「受」、「想」、「行」、「識」五蘊是禍患，因為它們的特性就是無常、痛苦和變化不息，所以克服貪欲，才能最終擺脫五蘊的束縛。（《雜尼迦耶》第二十二〈集蘊〉參見《佛陀和原始佛教思想》第二章 第五節：覺悟成佛 郭良鋆著）對這一連串看法的正確與錯誤，完全是個人的心理活動，跟一個外在的「魔王」似乎沒有任何關係。但是這種常人所共有的貪心、惡念不依靠正確地認識與真正地覺悟，是很難摒棄的。它就像「魔王」一樣纏繞在人們的身上，正如釋迦牟尼對弟子們所說：「戰勝自己，勝於戰勝戰場上的千萬敵人，戰勝自己是超級的勝利。」（《法句經》第八品．一〇三、一〇四偈）所以「魔王」並非來自外界，而完全可能來自於修行者的內心。由此看來佛經中有關戰勝「魔王」的記載，完全可能是一種譬喻，不能把它當作佛教中一些真實的事件。

無量壽佛圖 立軸 紙本描金

無量壽佛即為阿彌陀佛，畫中的阿彌陀佛高升蓮花座，頭頂放光現出種種瑞像，後面有四大天王護法，釋迦牟尼時期的兩位大弟子阿難與大迦葉隨侍左右，稍靠前方兩側甚至還有哼、哈二將護法，正前方，一位女居士正在向阿彌陀佛跪拜。據淨土經典記載，阿彌陀佛是西方極樂世界的教主，不可能有東方世界釋迦牟尼的兩位弟子跟隨左右，這幅畫的作者很可能將釋迦牟尼與阿彌陀佛這兩位不同世界的教主畫成了同一尊佛。

佛經中對於王子覺悟時的某些描述，也有許多神化情節。據說覺悟後的的王子突然騰空而起，經中甚至對其高度也進行了形象地比附，即：七多羅樹高。空中的王子誦出了一段偈子：「生死道斷，激情平息；煩惱枯竭，不再流淌；生死道斷痛苦終結。」此時眾天神撒下鮮花，隨後一切世界都大放光明，十方震動。甚至談到具體的次數：十千世界震動了十二次。東方世界旗幟的光芒映照到西方，西方世界旗幟的光芒也映照到東方，南北世界也莫不如此，地上與梵天旗幟的光輝也相互映照。更有奇者，大地上所有的花全部同時開放，所有的果樹同時結果。蓮花也在樹枝、藤蔓、空中、地上等原本不可能出現的地方同時開放，使得十千世界如同轉動著的大花環，這是一種佛經中常用的浪漫描述，其實這與印度長久以來對於聖人、梵天、神仙出世的誇張描述不無二致。此外一直處於幽暗的地獄也變得明亮，苦澀的海水變得甘甜、河水停流、盲人復明、聾人復聽、殘疾人恢復正常等。（《神通遊戲》、《因緣記》參見《佛陀和原始佛教思想》第二章第五節：覺悟成佛　郭良鋆著）總之，不可思議的現象都在這位佛陀覺悟的時候突然出現，這顯然是不合常理的誇大與神話。但有一點是值得肯定的，那就是雖然沒有這些神乎其神的現象，但在這一天的人類史上，確實有一位思想家超越了凡夫境界，躋身聖人的行列，他就是古印度的釋迦牟尼。

肆、人們叫他釋迦牟尼

此道逆潮流

此後，他並沒有獨享他所證悟的真理，而是希求能夠盡量多地去影響社會。他開始了長達四十九年的傳道之旅。

我們可以猜想，他最初傳法，可能是困難重重的，雖然經中沒有這些困難的記載，相反我們看到的，卻是成道後的釋迦牟尼所向披靡、一路凱旋，實際情況可能並不是這樣的。

他的中道之法是獨創的，緣起理論是全新的，在當時沙門內部重視師承及苦行之道的情況下，他的教法要想被人接受，可能需要一個相當艱難的過程。我們可以從佛經記載的兩件事中，了解到一些真相。

在行化的路上，就曾有一位同路的外道行者問他是在哪位老師的指導下學習的什麼禪法？當他得知釋迦牟尼的法是自證自悟的時候，只是笑笑並說：「但願如此吧！」就馬上與他分道揚鑣了。（《中尼迦耶》第二十六《聖求經》）

再有，佛經中記載了這樣一個傳說，那位婆羅門教中的上帝（梵天），在釋迦牟尼徹悟後，竟然從天界下來勸說他不要急入涅槃，希望他將所證的法傳播給世人，他的理由是，如若不然，人類將遭受毀滅。釋迦牟尼認為他所證悟的法，高深難懂，可能很難被世人接受，所以很猶豫，可梵天卻對這一切表示出相當的樂觀，他保證這些法會有人聽得懂，並且奉行。（《中尼迦耶》第二十六《聖求經》及律藏《大品》）其實此前釋迦牟尼也曾為是否將他所證悟的法傳播給世人，做過這樣的思考，他曾對弟子們說：「我所獲得的法深刻、難以洞察、難以理解、平靜、微妙、不可思議、精密，唯有智者能知。」（《中尼迦耶》第二十六《聖求經》及律藏《大品》）這說明他的法在當時可能是很難說服人的，因為它深刻而難以洞察，與那些粗糙的苦行行為比較起來，又顯得精密微妙，所以曲高和寡，唯有智者才能知曉。因為在他看來，「眾生喜好娛樂、熱衷娛樂、沉於娛樂，難以洞察這種緣起（他的緣起理論），難以理解平息一切行、放棄一切依、根除一切貪，離欲、滅寂、涅槃。」他繼續說「如果我宣示這種法，別人不理解，

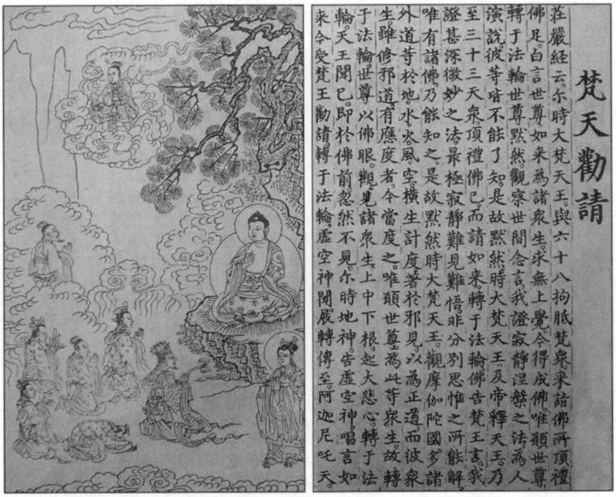

梵天勸請說法圖 木刻版畫

圖中描繪了以大梵天為首的諸梵眾，來到佛前勸請佛陀住世弘法的場面。在這幅畫裏無論是釋迦牟尼或其他人物的形貌服飾，都已被完全本土化，猛然看上去很難讓人聯想到這是在講述一則來自古代印度的故事。

我枉費了精力，徒添麻煩。」。（《中尼迦耶》第二十六《聖求經》及律藏《大品》）這段經文暗示了他初期傳法的困難情形，其實他的法難以被理解的關鍵，用他自己的話講就是「微妙精細逆潮流」。（《中尼迦耶》第二十六《聖求經》及律藏《大品》）

下面我們就來分析一下，所謂逆潮流究竟意味著什麼？

首先他的思想體系，與當時主流意識形態（婆羅門思想）是完全對立的，這主要體現在他的「緣起論」對於神創論的否定。緣起論認為，世間一切事物的生起都依賴於各種相關條件的完全具足，一旦支撐這一事物的條件不再存在了，事物也就走向消亡，這個理論被佛教用來解釋世間所有事物（佛教將世界分成「有情世間」與「器世間」兩種，其中有情世間是指生物世界，器世間是指物理世界）的生滅過程。其次是他的「無常」、「無我」思想與婆羅門教「梵我合一」思想的對立；此外，他還面臨與當時傳統沙門思想的對立，雖然佛教與沙門思潮同為一脈，但在如何解脫的問題上，「苦行」與「中道」也是水火不容的。

以上這些「逆潮流」的理念，預示著他的傳法之路，勢必不會一帆風順的。那位與他分道揚鑣的外道行者，顯然不太相信他的學說。這種沒有被說服的情況在釋迦牟尼剛證道後的一段時間裏，大概會屢屢遇到。當他決定將他的教法傳播世人之前，必然要經過深思熟慮，不然佛經中也不會把那位大梵天請出來說話。佛教教義對梵天的創世之功，予以了堅決地否定，並對其在婆羅門教中所宣示的種種「德能」提出徹底地懷疑。但梵天在當時顯然具有一定的權威性和說服力，佛經中借用梵天之口，提出用佛法來挽救世人，既提高了釋迦牟尼及其佛法的地位，也降低了梵天的權威，顯然是一舉兩得。我們完全可以理解這是佛教在思想意識領域擠兌婆羅門教的得意之筆，但這一記載究竟出於何時，我們無法判斷。很多人認為佛教是「無神論」，這種說法可能不夠嚴謹。因為佛教並不否認神的存在，我們注意到，釋迦牟尼並沒有在他的學說中徹底推翻婆羅門教中以梵天、上帝為首的眾神，而是巧妙地將他們安排在護持佛法的「崗位」上，而對他們原本的創世主身分提出了嚴肅的批判。依照佛教緣起說，這些梵天上帝及眾神們與所有眾生一樣都處在生死輪迴的轉盤中。也就是說，他們不光無法拯救人類脫離種種苦難，自身也無法逃避這些苦難。由此看來佛教是「有神論」，但絕對不是「神創論」。

佛經中曾有釋迦牟尼對於創世者（梵天）進行質問的記載，他非常尖銳地問道：「有眼之人皆能見到疾病，梵天為何沒把所創造的人塑造好？他法力無邊，為什麼他又很少伸出他祝福的手？為何他所創造之人又都慘遭痛苦？為何他不給他們施予快樂？為何欺騙謊言和無知如此盛行？為何虛偽如此囂張？真理和正義如此衰落？數落你梵天的非正義，創造了容納錯誤的世界！」（《本生故事》第六卷〈槃達龍本生故事〉參見《佛陀於佛法》第二十三章：佛陀怎樣看待創世主上帝）」。在另一部經中佛陀說道：「若有萬能之主的存在，支配一切眾生的苦樂和善惡，此天主沾滿了罪惡，人類只能按其意志行事。」（《大菩提本生經》參見《佛陀於佛法》第二十三章：佛陀怎樣看待創世主上帝）這一連串的問題雖然出自本生故事，但這些問題卻直接反映了佛教思想與婆羅門創世神話的根本對立。由此看來，佛教從一開始就否認一位自有永有、全知全能、控制一切、創造萬物之神的存在，所以圍繞造物主的那些神話傳說曾被釋迦牟尼徹底予以否定，如其不然，人類除了取悅上帝，按他老人家的意志行事以外，其他一切努力都將付之流水，那麼佛教求得最終覺悟與解脫，也就毫無意義，在這一問題上佛教的認識與實踐完全是反其道而行之，故而後期經典中把釋迦牟尼比喻成「神中之神」或稱「最高神」的做法，及把他的能力說成能夠蓋過傳說中的上帝，顯然是「打著紅旗反紅旗」，相反為了戰勝以神話傳說為基礎的婆羅門教，佛教在這個神秘國度中，要想爭取到有限的生存空間，採取針鋒相對的神化方式與婆羅門教進行「鬥法」，未必不是一種通俗易行的辦法，但結果卻使得佛教在兩千多年的傳承中，極易接受異端思想的加入，逐漸變得面目模糊。

其實這些問題很可能都在釋迦牟尼的思考範圍內，因為佛教的與眾不同，在當時無疑是一種異端，要想生存、發展必須採用一些「方便」的辦法。例如，採取暫時承認婆羅門眾神們的存在，並對一些敏感問題避而不答等方式。他的思考可能非常精微細緻，他必須要使他所宣說的佛法，既能適應當時的社會人心，又不致與自己的原則、精神發生太大的矛盾，這實際上是一件非常難以做到的事情，筆者相信這也是他難以決斷的原因之一。

最後，經過認真的思考，釋迦牟尼還是下定決心，將他的法傳給世人。但首先傳給誰呢？經過一段時間的猶豫與沉思後，他想到了離他而去的五位比丘。在當時，他可能更想盡快地將這些真理與曾風風雨雨跟隨了他六年的同修們共用。

過去時有佛出世

這可能是釋迦牟尼成道以來第一次完整、系統並不受干擾地演說了他的教法，而且非常成功。(《轉法輪經》)五位比丘也為他的思想所折服，成為他最初的弟子。但是整個過程似乎並不那麼簡單，經中描述，五位比丘遠遠見到釋迦牟尼向他們走來時，曾相約誰都不去理睬他，因為他們認定釋迦牟尼已經是一位修道者的叛逆。但是當釋迦牟尼來到他們當中時，他們五位不約而同地跑過來接下他手中的衣缽，還有人為他打來洗腳水。(《中尼迦耶》第二十六《聖求經》、《律藏．大品》資料來源：《佛陀和原始佛教思想》郭良鋆著)據說是因為釋迦牟尼成佛後的威儀，使五比丘肅然起敬，而改變了對他的態度。這樣說倒也過得去，但是他們最初，也只是直呼他的名字，並像從前一樣稱他為「同修」，(《佛陀與佛法》那爛陀著)看來五位比丘並沒有

憍陳如尊者 泥塑 西園寺

憍陳如是最早跟隨釋迦牟尼的五比丘中的一位，他年長於其他幾位比丘，可能比釋迦牟尼的年齡還要大，自然而然地成為佛陀弟子中的大師兄，也是一位德高望重的尊者。

認為他已經徹底覺悟，所以對他那些教法的接受可能經歷了一個非常艱難的過程。

所以我們有理由懷疑經中記載的釋迦牟尼為五比丘「初轉法輪」，一開講就大獲成功的可能性，事實很可能是另一番模樣。當時的五比丘，可能懾於他的威儀，勉強地禮貌相待，但未必真的認定他已經覺悟，因為比丘們在不久前離他而去，顯然是不能接受他中途退出「苦行」的行為，在他們看來，放棄苦行也就是放棄真理，因為這一觀念是五位比丘與原先的釋迦牟尼，所認可的唯一解脫之法，不僅如此，當時的修行界也一直將「苦行」看作唯一公用的解脫法則。

此後釋迦牟尼開始向他們宣說自己的成果——他所悟出的「中道」，這顯然是針對於苦行思想而言的，也是對不久前他放棄苦行的一種解釋。他一上來就首先談到，作為比丘，應該避免兩種極端的行為，一種是極端的縱欲，另一種就是極端的苦行。前者可能特指當時婆羅門與部分沙門中流行的一些享樂、及時行樂等思潮，他認為那些縱欲者的行為低級、粗陋、凡俗、不體面、無意義；後者則指包括釋迦牟尼曾經實行過的種種苦行，他認為這種行為痛苦、不體面、無意義。他認為，這都不是出家比丘該走的路。所以「中道」，就被作為研討的議題擺出來，他認為只有中道才可以產生正確地見解和知識，可以將修行者導向平靜、通慧、等覺（等：平等；覺：覺悟）和涅槃，所謂中道，也就是佛教所特有的「八正道」（正見、正思惟、正語、正業、正命、正精進、正念、正定）。這一反傳統的理念，自然少不了要受到比丘們的置疑。所以這一過程，絕不是居高臨下的說法，更可能是平等地辯論。這樣你來我往，不知經過多長時間？當然，談話是坦誠的，並且是認真的。這當中釋迦牟尼為了說服他們，將自己所悟的「四聖諦」、「十二因緣」等進行了具體的闡述，這個過程似乎延續了至少幾天時間。因為經中描述，在他說法的過程中，五位比丘中，有三位外出乞食，另兩位聽他說法，乞回的食物，六人一起食用。然後聽過法的人再外出乞食，其他人再來聽法。（《佛陀與佛法》那爛陀著）據記載，這些內容釋迦牟尼連說了三遍，被稱為「三轉法輪」，其目的是說給三界（欲界、色界、無色界。欲界是有淫食二欲的眾生所住的世界，上自六欲天，中自人畜所居的四大洲，下至無間地獄皆屬之；色界是無淫食二欲但還有色相的眾生所住的世界，四禪十八天皆屬之；無色界是色相俱無但住心識於深妙禪定的眾生所住的世界，四空天屬之。此三界都是凡夫生死往來的境界，所以佛教行者是以跳出三界為目的——自《佛學常見辭彙》陳義孝編）不同眾生聽的。（《佛說三轉法輪經》）所謂

「三轉法輪」，無非暗示了釋迦牟尼是在一次一次表明自己的觀點，而五位比丘可能是在一次一次地問難、辯論，提出反方意見。這一辯論過程，最終是以釋迦牟尼的勝利而告結束。所謂「三轉法輪」的三，無非是附會「三界」而出現的，不能把它看作具體的次數。真正的辯論可能遠遠不只三個回合。

這次辯論是劃時代的，其結果也是可喜的，五位比丘心悅誠服，對他的學說五體投地，不光全部皈投到他的門下，還願意為佛法的弘揚終身效力。

經中對於這次具有歷史意義的傳法活動，又進行了很多神化描寫，這些神話從釋迦牟尼去往鹿野苑的路上就已經開始了。據說當他來到恆河邊時，因為沒有錢付費而施展神通，騰空躍過恆河。（《大事》《神通遊戲》）這一記載我們無法考證，但是類似的記載我們倒是經常見到，比如中國人所熟知的達摩一葦渡江的記載，曾出現在幾部重要的佛教傳記與專著中。

經中還談到釋迦牟尼為五位比丘說法時，地上湧出七寶蓮花座，盤坐於寶座之上的釋迦牟尼大放光明，遍照三千大千世界，這些不同的世界同時出現六種震動，顯現十八種吉祥瑞兆，十方（東、南、西、北、東南、東北、西南、西北、上、下。）菩薩、眾天神都來頂禮佛足，聽聞佛法。（《大事》《神通遊戲》）其實類似的描述在佛經中非常常見，特別是後期的一些經典中，只要是佛陀要進行重大的說法活動時，大多會出現各類不可思議地瑞象，會場上除了那些可以見到的弟子們外，還會有很多來自不同時空的菩薩、天神及各種非人類來到現場，傾聽佛法，這些幾乎成為佛教經典中不可或缺的行文程式。

這次演說教法，在佛教史上具有重大的意義，也被稱作「初轉法論」。法輪是指轉輪聖王手中的武器，被稱作「輪寶」，早在佛教產生之前，這種象徵意味的所謂「輪寶」就已經出現在許多教派的典籍中了。「輪寶」的原型是印度古代戰車的車輪，比喻車輪可以滾滾向前，碾碎堅硬的岩石，無往不勝。這種比喻被佛教借鑒過來，以表示佛教可以摧服眾生的煩惱。另外佛的教法輾轉傳播，像車輪一樣旋轉不息。所以佛教講「法輪常轉」就是這個意思。

法輪 石雕 約西元13世紀

這只雕鑿於科納拉克蘇利耶神廟基座上的法輪，顯示了它作為一種「法」的象徵，在印度宗教中被廣泛應用的情形。

兩千五百年後，有一位「大師」，竟然望文生義，把原本具有象徵意義的「法輪」說成是能夠任意安裝在信徒肚子裏的「智慧玩藝兒」，並且乾脆稱自己為「法輪佛法」，這種皮毛上的仿效，簡直令人啼笑皆非。佛法被歪曲到如此地步，如果釋迦牟尼在世，不知會做何感想？

這次說法的成功，使釋迦牟尼「中道」思想首次經歷了歷史的考驗。從五位頑固的比丘，曾經因為他放棄苦行而與他徹底決裂這一點上看，苦行是唯一解脫道的思想，在當時的印度是根深蒂固的。此番他們能夠成功地被說服，恐怕不只是簡單的說教可以解決的問題。這也顯示了佛法本身哲理的縝密與完整，更體現了釋迦牟尼充滿智慧的說服力及出眾的口才。這次「初轉法輪」的成功，實際上是一種全新的思想被認可和接受的開始。談到釋迦牟尼的口才，經中有很多記載。因為當時沙門運動各派首領間經常會圍繞某些問題展開辯論，這好像也是叢林文化的特色。釋迦牟尼似乎常常參加這些辯論，並且經常在辯論中獲勝。其結果就是很多外道紛紛放棄原有信仰而皈依到他的門下。

此後，圍繞著要「苦行」還是要走「中道」的爭論，始終沒有停止過。就是在後來佛教僧團內部，「苦行」思想仍然大有市場。釋迦牟尼晚年時，他的堂弟提婆達多就曾在這個問題上與他發生了激烈地衝突。

佛經中曾記載這位堂弟不僅是一位野心家，而且是一位陰謀家，是一個壞得不能再壞的傢伙。他與當時摩揭陀國王太子阿奢世相互勾結，逼迫佛陀將僧團的領導權交給他，遭到拒絕後，懷恨在心，幾次實施對釋迦牟尼的暗殺，都沒達到目的。因此他故意提出嚴苛的戒律讓僧團實行苦行。據佛經記載他提出，僧團不得食用乳酪、魚肉、鹽；不接受衣物饋贈，只穿被稱為「糞掃衣」的破舊衣服、只能在森林中居於露天，不可在室內居住；只可托缽乞食，不可應邀到信眾家中就餐等等。這與釋迦牟尼在僧團中所實行的戒律，有很大的差別。結果釋迦牟尼並沒有提出反對，而是讓大家自願但不是必須遵守這些嚴戒。從這一點上分析，釋迦牟尼時期的佛教僧團，並沒有嚴格禁止「苦行」行為，雖然他本人提倡放棄「苦行」的中道，但是僧團內部，自願接受「苦行」的比丘，還是大有人在，因為我們注意到，佛陀的重要弟子大迦葉，與他的頭陀行者們，都屬於崇尚「苦行」的弟子，所以提婆達多的這一號召，很快招來了眾多的追隨者。最後提婆達多的部分支持者們跟隨他另立僧團，使得佛教在釋迦牟尼生前發生了一次重大的分裂。（《律藏》小品。資料來源：《佛陀與原始佛教思想》第二章 第七節：傳播佛法 郭良鋆著）但是，這並不表明僧團內部所有的「苦行」者，全部支持提婆達多。當然，這番對於提婆達多帶有眾多人格批判的描述，是否符合歷史真實，我們暫時不去評判。

但有幾點可能是事實，首先提婆達多提出了非常嚴苛的近乎苦行的戒律；其次當時有很多人擁護他，並跟隨他離去；再者，他分裂出去的僧團一直在印度延續了一千多年。這一點，我們可以從法顯、玄奘遊歷印度時的所見所聞中，得到一些佐證。法顯《佛國記》舍衛國部分記載：「調達（指提婆達多——筆者注）亦有眾在……。」意思是，這個時候，提婆達多的僧徒們，在印度仍然存在，此時距釋迦牟尼時期已有七百多年了。此外玄奘在《大唐西域記》中也記載道：「天祠五十餘所，異道實多。別有三伽籃，不食乳酪，尊提婆達多遺訓也。」，（《大唐西域記》羯羅拏蘇伐剌那國）也就是說，提婆達多的僧徒在這個時期仍然存在，此時距釋迦牟尼時代已有千餘年。更有趣的是提婆達多的徒眾們與釋迦牟尼僧團一樣都崇拜過去三佛（指賢劫三佛，即拘留孫、拘那含牟尼、迦葉波——筆者注）唯獨不拜釋迦牟尼佛。所謂：「……常供養過去三佛，唯不供養釋迦文佛。」（《佛國記》舍衛國部分 法顯著）

到這裏我們也就能得出一些比較成熟的結論了，那就是「苦行」與「中道」之間的鬥爭一直延續著。對於過去佛的共同崇拜，可能暗示他們接受的是本宗族同樣的宗教傳承，（參見《源流與流變》——印度初期佛教研究 方廣錩著）所不同的是釋迦牟尼是一位傳統宗教的改革者，他的中道思想是對傳統「苦行」觀念的修正。釋迦教團內部有很多人是來自釋迦宗族的，很多人願意支持提婆達多，可能也是出於維護傳統宗教理念的緣故，所以由此分析，「中道」理論的推行是有難度的。

為此，釋迦牟尼始終強調他的法，是承襲了歷代古佛的道統，且並沒有超出，當他談到修行實踐時，曾提到過去佛的教法：

「……過去劫中，毗婆屍佛、屍棄佛、毗舍浮佛，宣說屍羅清淨戒律，成就智慧最上之行；復次賢劫中，拘留孫佛、拘那含牟尼佛、迦葉波佛，亦說清淨律儀及禪定解脫之法。我所說法，亦復如是。」（《佛說七佛經》）

據以上所說，我們是否可以這樣理解？過去劫中（劫，為古印度的一種時間概念，無法用年月日來計算，是指一種大的時間單位。有一點是值得注意的，古印度人的時間觀念非常模糊，「劫」並非具體的時間概念。劫有三說，過去劫即莊嚴劫；現在劫即賢劫；未來劫即星宿劫。）三佛的教法屬類似的系統，比較重視戒律的踐行，通過持戒，控制各種欲念，成就最高智慧；賢劫中（即現在劫）三佛則屬於另一系統，他們除了繼承先前的律儀外，還將禪定等法納入其中。過去諸佛有可能就是釋迦宗族過去不同歷史時期修行成道的歷史人物，這些修行之法，也沒有超出古印度的傳統修法。早期的行者們可能比較注重嚴持戒律，通過認真執行戒律，使行者處在清心寡欲的狀態，而使道德達到一定的境界；後來的行者們又將禪定的方法與嚴格的戒律結合起來進行修持，這些可能都類似於「苦行」。

釋迦牟尼宣稱自己所說的法與古佛所傳之法是相同的：「我所說法，亦復如是。」言外之意，這兩套系統都被他繼承下來。所以我們有理由認為，這些戒律，很可能在佛教最初的階段被臨時採用過。

難陀是釋迦牟尼同父異母的兄弟，剛出家時，喜歡穿著燙得平平整整的僧衣，外出乞食時還描眼睛（這些很可能是當時王族、貴族或剎帝利階層，公子哥們的愛好或禮儀）、手持光亮的缽，這種行為在當時的僧團內部，顯得非常咋眼，釋迦牟尼曾告誡他說：「誠心出家的男子，應該是居住在森林裏，托缽乞食，穿著『糞掃衣』摒除欲樂。」（《雜尼迦耶》二・二八一）顯而易見，這些穿衣、居住方面的要求，與後來提婆達多提出的所謂「嚴戒」，並沒有太大地區別，例如穿著「糞掃衣」、居住森林等。我們知道佛教最初與其他沙門團體一樣，不居住在房間裏，而是居住在露天場所，這種習慣一直延續到佛教「精舍」（在家信徒為出家人建立的僧房與法堂）出現後，才得以改變。但是後來佛教在戒律上，很可能逐漸採取了寬鬆的態度，因為苦行已經被釋迦牟尼證實是一條很難走通的路，繼續強調嚴苛的戒律，則與他的「中道」思想相違背，但這正是最容易被提婆達多等人戳中的「軟肋」。

所以，我們有理由相信，兩位堂兄弟之間的矛盾，並非經中所描述的那種個人恩怨或是為了爭奪僧團領導權，更大的可能是對於傳統宗教戒律簡單承襲還是加以改造。兩種觀念之間的根本分歧，在於一個是要走傳統的路子，另一個是要走一條新路。

沙門行者的典範

據對史料的分析看，釋迦牟尼最初度五比丘時，並沒有談到任何戒律。可能他們有一個共同的特點，都是至少早在六年前就已經捨棄凡俗而過著出家生活的，出家後他們受持的戒律，有可能是傳統宗教傳習下來的內容。可是後來僧團建立起來後，釋迦牟尼似乎將這些苛刻的戒律放棄，而是每遇到僧人出現了一些問題後，才會針對這一事件，制定一條相應的戒律，這其實也是一個初創的教團所必須經歷的過程。首先，釋迦牟尼非常自信，他所傳播的教法是與當時其他教派完全不同的，所以整體照搬那些現有的戒律是不妥當的，特別是那些服務於苦行的戒律。

經中曾有這樣的記載，釋迦牟尼正式開始說法的第五年，僧團曾面臨一場前所未有的饑荒，這種饑荒顯然不僅僅限於佛教僧團內部，而完全有可能是國家或地區性的自然災害所引起的。這一事件，對於一直以來都得到政府資助的佛教僧團來說，是一場必須面對的重大考驗，事關僧團的前途與命運。大弟子舍利弗曾向釋迦牟尼提議建立一套完整的規章，以防僧團內部因饑餓出現各種犯罪行為。釋迦牟尼卻對這一似乎非常具有先見之明的建議，給予了回絕。因為在他看來，在沒有出現不當行為的情況下，制定一套防止犯罪的懲罰性條律，顯然是對大家的不信任。因此他提出，必須在僧團內部個人不當行為發生後，這些條律才可以制定和發布。（《印度佛教史》第三章：佛陀的生平 英・渥德爾）所以那些後來可以見到的各種戒律，都是在不同時間不同地點，因不同事件而逐漸制定起來的。

因為釋迦牟尼的佛教，講求「中道」的修持方法，逐漸建立的戒律系統，也是適應這套「中道」思想體系的。所以他的僧團遠離了自我折磨的苦行，僧團成員們因合理而規律地攝取食物，身體大多比較健康。加上他們捨棄了傳統苦行中的那些泯滅個人尊嚴的戒律，比如穿著那些骯髒不堪的僧衣（「糞掃衣」），或索性赤身裸體（天衣派）等行為。相反，他們非常注意個人衛生和形象。

這一點可以從一些佛像中得到啟示。我們常常可以從觀音菩薩雕像或畫像中看到，她一手持淨瓶，另一隻手拿著一根楊枝。據說因為楊枝比較柔軟，古印度人把它當作刷牙的工具，如同我們現今的牙刷。日本人到現在還把牙籤叫做楊枝，可見這種稱呼的確源自印度。（參見《淺談佛教的社會關懷》一文，作者：智宗法師）此外，敦煌壁畫中有一幅著名的「揩牙圖」，（敦煌第一五九窟，繪於唐代，約西元六一八年—九〇七年之間——筆者注）畫面生動地描繪了一位外道沙門，在與釋迦牟尼的辯論失敗後，正在淨髮、洗臉、刷牙，準備皈依佛門的情況。光是這種刷牙的畫面，僅在敦煌就發現了十幾處。可見佛教僧團是很注意這些衛生習慣的。佛教中刷牙的習慣，後來隨同佛教傳到中國，在中國僧人中一直延續著。據日本牙科專家丸山先生研究發現，中國佛教禪宗的後期門派曹洞宗的祖師道元，曾在他的《正法眼藏》一書中，對刷牙做過非常詳盡的記載。甚至規定了牙刷的大小，刷牙的程序等。但奇怪的是，這種刷牙的習慣卻始終沒有被民間採用過。（參見《日本牙醫發現敦煌千年前有佛教刷牙儀式》一文，作者：孫東民）

除了這些衛生習慣外，佛教還有種種威儀，威儀也就是禮儀，最常見的有所謂「四威儀」，它們分別是：行如風（行路輕盈，不拖泥帶水）；坐如鐘（坐姿體態端正，結跏，或半結痂，也就是雙盤坐、單盤坐，不可雙腿垂於床下，不左搖右擺，坐時靜默無聲）；臥如弓（僧人休息時，一般右肋側臥，據說這樣有利於安穩入眠，不會受噩夢侵擾）；站如松（站立時身正挺拔，不歪斜倚靠，如同松樹一樣穩重）。佛教徒們這種威儀不光是做給外人看的，它還有一種功用，就是借用對身體行動的調整與控制，使內心達到平衡與沉靜，有利於入定思維（這種威儀的訓練，到後來變得越來越複雜，據說僧有三千威儀，六萬細行；尼有八萬威儀，十二萬細行。）不用細說，如果僧人們嚴格地遵守這些禮儀，他們在人前的形象，一定是整齊劃一，與當時流行於沙門中的怠惰、散漫形成強烈地反差。佛教僧團成員走出去，無論形象與精神面貌都會顯得與眾不同。

持楊枝淨瓶的觀音 大足石刻 南宋

這尊觀音的寶冠與服飾都顯得非常華美，這是晚期佛教造像的一大特色，顯然此時在人們的心目中，佛與菩薩已經遠離了早期佛教出世淨修的傳統，佛、菩薩的造像也逐漸開始在早期簡樸自然的基礎上，不厭其煩地作起了加法。但令人欣慰的是「淨瓶」、「楊枝」的傳統「道具」，並沒有被其他豪華之物所替代。

釋迦牟尼成道後，曾帶領自己最初的一些弟子來到當年他剛出家時去過的摩揭陀國首都王舍城。前面我們曾經提到這裏是當時最活躍的沙門文化中心，很多教派都集中在這裏。佛教僧團的到來，曾使這裏產生了不小的轟動。產生轟動的原因，倒不是因為他們人多，而是因為他們的威儀與眾不同。

釋迦牟尼有兩位非常有名的弟子，一位叫做舍利弗，另一位叫做目犍連。他們兩位原是王舍城的另一個叫做刪闍耶教派的骨幹分子。他們都出身於婆羅門家庭，由於對世間很多事情想不明白，後來因為某種機緣促使他們年輕時就離開家來到叢林。偶遇當時被佛教稱為六種外道之一的刪闍耶教的教主，於是向他學習某種禪定，但當他們完全掌握了這種禪法之後，他們突然覺得並不滿足，分別尋找更圓滿的教法，並相約無論誰先得到真理，都與對方分享。這時佛教僧團剛來到王舍城不久，有一天舍利弗偶然在大街上見到一位相貌莊嚴，神情寂靜，進退有方的比丘正在托缽乞食，他就是釋迦牟尼最早度化的五位弟子之一的馬勝（在早期經典中，此人喚作阿說示）比丘。舍利弗竟然被這位乾淨俐落，很有教養的比丘所打動，心中生起一種敬慕之情。他認為這位氣宇軒昂、與眾不同的比丘，一定是一位修道有成的人，很想向他請教。但看到他剛剛乞了

馬勝比丘 泥塑 西園寺

莊嚴的威儀，使這位比丘的身上，散發出一種特殊的魅力，這尊雕像似乎恰如其分地將馬勝比丘形象地展現在觀眾面前。

食，正走在回住處的路上，於是就尾隨他到了住處，等馬勝用過齋飯後，舍利弗才向他提出了自己的問題。（《佛本行集經》．舍利目連因緣品）

舍利弗很客氣地向飯後正在洗鉢的馬勝探問他師從何人？所學何法？馬勝回答說，我剛剛聽聞老師的教法，還不能全部了解和領會，只能用一段偈子形容我老師的教法。於是這一段佛教史上著名的《因緣偈》就從馬勝比丘的嘴裏誦出來：「諸法從緣生，諸法從緣滅，吾佛大沙門，常作如是說。」這段偈子用現在的語言來解釋就是說：世間的一切事物及其運作的軌則，都是依據適合的條件而生成，也同樣會因為條件的喪失而消亡，我的老師是一位大沙門，他常常這樣告訴我們。（法，在佛教中，被解釋為「事」與「理」。「事」是事物的本體；「理」是理則或軌則，是指事物內部或外部變化所依據的規律。所謂萬法，是指所有的事物及其理則——筆者注。）

可見釋迦牟尼最初，非常重視對於生、滅無常的解釋。我們可以這樣理解，「緣生緣滅」是解釋世間萬物，包括人類生死現象的重要學說，這就是前面提到的緣起論。這一學說絕對排斥了神造論，也撥開了「不可知論」的神秘面紗，更是佛法不同於當時其他學說的地方。這種與眾不同的學說對於舍利弗的震動相當大，因為他一直以來都在尋找這一答案。舍利弗與目犍連原是刪闍耶教的信徒，這一派學說最使他們不滿的就是「不可知論」，這也是他們離開這一教派的原因。舍利弗聽到這些，自然是喜出望外，他感覺自己已經找到了真正能夠引導他尋找真理

桑奇窣堵波

初建於阿育王時代（西元前三世紀），巽伽王朝時代（西元前二世紀）繼續擴建。安達羅（薩塔瓦哈納）王朝時代（西元一世紀），又建了四座塔門，經過三個世紀的漫長修建與改造，全部建築才算最終完成。據說這座窣堵波供奉著佛陀兩位大弟子舍利弗與目犍連的舍利。

的老師。於是拖著他的好友目犍連一起去拜訪釋迦牟尼，在進行了一番相互交談後，他們兩人一同皈依了這位佛教導師。

可見，當時佛教雖然沒有嚴苛的戒律，但是他們的精神面貌，與整齊劃一的風氣，在當時的王舍城，確實形成了一道亮麗的風景線。當時以馬勝比丘為代表的佛教僧團的形象與威儀，可能是佛教與其他教派最大的外在不同。

實際上佛教僧團的與眾不同，不僅限於這些表面的威儀，與釋迦牟尼獨特的教法和他本人的人格魅力不無關係。他的僧團在修行過程中嚴守正當的教風，嚴肅有序而不放逸，儘管他的戒律排除了苦行的內容，但與他教法相應的秩序始終被全體僧眾嚴格地遵循著。在釋迦牟尼晚年，拘薩羅國王波斯匿，曾對這個僧團和釋迦牟尼本人予以高度的讚譽。這位與釋迦牟尼同歲的老國王曾在侍從的幫助下，來到僧團的住處，敲開了佛陀的門，虔誠地頂禮佛足。

這一記載引出一個問題，在當時信奉佛教的國王都會對釋迦牟尼行禮，而沒有見到僧人向國王行禮的記載，這可能是當時印度的一種約定俗成的習慣。這一點與中國傳統的儒家思想是格格不入的。儒家思想中的王權意識，不容許任何個人和團體表現出凌駕於王權之上的姿態。佛教傳入中國後，曾因這一問題在帝國宮廷中發生過多次激烈地爭論。後來南朝宋時，曾有一度制定了沙門跪拜皇帝的法令，但不久即被取消。（《中國通史簡編》第二編第五章 范文瀾著）然而北魏的創建者道武帝，卻創造了一個特例，他在他的王朝中大力推廣一個奇特的理念：因為「能宏教者人主也」，所以王者即是如來！換句話說，就是如果沒有皇帝的大力弘揚，就不可能有佛教的興盛，這種政治決定宗教命運的情況，在古今中外都不是什麼不可思議的新鮮事。既然皇帝可以決定佛教的興亡，那麼他的地位也就等同於佛教的教主，這從邏輯上，也能勉強講得通。於是在當時北魏沙門領袖的號召下，佛教僧徒對這位「當今如來」進行了佛教史上從未有過的頂禮膜拜。不僅如此，道武帝後繼的幾位皇帝，同樣受到這種殊榮。因為僧人們相信他們跪拜的並不是普通的皇帝，而是當今的如來（佛）。這樣一來皇帝既是天子人主，又是佛教領袖，甚至等同於教主。（《魏書》卷一一四〈釋老志〉）但是在中國，這種情況也並不常見，更多的時候還是繼承了印度佛教「沙門不敬王者」的傳統，但是王者跪拜沙門的情況在中國也並不常見。

那位波斯匿王頂禮佛足後，首先讚歎釋迦牟尼的覺悟是真實、平等、普遍、圓滿（正等覺）

的，同時讚歎他說法的圓融。國王陛下以當時一些婆羅門和部分沙門團體的不良風氣為例，讚揚佛教僧團奉行正道的做法。他表示他看到那些沙門、婆羅門修行了十年、三十年、以至四十年，仍然像世俗人一樣梳洗打扮、修剪鬚髮、享受並沉溺於五欲（有兩種解釋，其一，色、聲、香、味、觸。色是指美麗的色相；聲是指婉轉的聲音；香是指芬芳的香氣；味是指可口的美味；觸是指適意的觸樂。以上五者因能使人生起貪欲的心，故名五欲。其二，財欲、色欲、名欲、飲食欲、睡眠欲——自《佛學常見辭彙》陳義孝編），但是佛教僧眾們卻純潔完美，嚴格地修習梵行。（《中阿含經》第二一三〈法莊嚴經〉）此後他又讚歎了佛教僧眾平和、友善的精神，並舉例說：國家與國家之間發生戰爭，剎帝利與剎帝利之間，婆羅門與婆羅門之間，家主與家主之間，父母與兒女之間，朋友與朋友之間都會發生各種紛爭。但是他看到佛教僧眾卻和睦相處、水乳交融、互相投以友愛的眼神。他認為他從來沒有在別處見到這樣團結和諧的團體。（《中阿含經》第二一三〈法莊嚴經〉）此外他說他曾走過很多叢林（出家沙門修行與生活的處所），看到很多沙門、婆羅門形容憔悴，膚色黯淡發黃，青筋暴露，讓人不忍目睹。他認為那些人肯定不願意修習梵行，或者做了惡事企圖隱瞞（可能也包括了那些堅持非理性苦行的人們）。但他看到的佛教僧眾卻個個和顏悅色、興高采烈、五根清淨、知足少欲，靠信眾的佈施生活，思想輕鬆似野鹿。他認為這些人一定是由淺入深地領悟了佛陀的教導（《中阿含經》第二一三〈法莊嚴經〉）。此後他又讚美了釋迦牟尼的個人魅力，他談到他作為國王對國人擁有生殺予奪的權利。但是在議事廳裏，儘管他三令五申，仍然會有人打斷他的談話。然而在佛陀說法時，一聲咳嗽，都會受到他人的制止。這裏沒有刑杖和武器，人們卻嚴守紀律（《中阿含經》第二一三〈法莊嚴經〉）。從這位國王的敘述中，我們似乎已經形象地了解到佛教僧眾在他們導師的帶領下，是多麼地嚴整規範、生機勃勃而又與眾不同。這從一個側面也反映了當時婆羅門教及其部分沙門團體宗教風氣的不良狀態。

佛法無視神通

回過頭來，我們再談談釋迦牟尼帶領他最初的一些弟子，來到摩揭陀國首都王舍城時的情況。六年前剛出家的釋迦牟尼曾投身到這裏，參訪各教派的名師高僧。並在這裏先後依止兩位喻伽師學習過高級禪定。後來他離開這裏，想找一處清淨場所進行進一步的訓練，使自己能夠證悟高深的真理。成道後，釋迦牟尼非常想回到這裏，將他的成果拿出來與大家分享。我們前

現代寺院集體法會上的僧人們

面曾反覆提到，由於摩揭陀國的強大，與政治氣氛的相對寬鬆，來自印度四面八方的各類學者、宗教家多集中在首都王舍城。

我們有必要先回顧此前的一些情況。在美麗的悠樓頻羅鎮境內，釋迦牟尼在尼連禪河畔的一顆菩提樹下覺悟後，首先去到鹿野苑，為五位曾經跟隨他的比丘說法，並收他們為徒。之後他又回悠樓頻羅鎮，在途中，他投宿在一個屬於悠樓頻羅聚落的庵房中。這座庵的主人叫做迦葉，他們兄弟三人，帶領了約五百人的信徒，修習一種叫做「拜火教」（也稱赴火教）的外道。（《律藏》大品）我們無法確定這種拜火教與流行於波斯的拜火教是否有關係，但這種教派在當時的印度，很是風行，他們的修行可能跟火（光明崇拜）有密切關係。具體的內容我們無法考據，按照明代一如等人的解釋，這些教徒好像經常用火烤炙自己的身體，甚至燻烤自己的鼻子，並心甘情願地忍受這種痛苦，因為他們認為這種「苦行」可以幫助他們得到「解脫」。（《三藏法數》明・一如等撰）這又是一種認定「苦行」可以得到「解脫」的沙門教派。

釋迦牟尼得到允許後，來到這座庵中借宿。暮色降臨後，他照例打坐入定。入夜後，庵中突然鬧起「鬼」來，恐怖的場景一幕接一幕。（《律藏・大品》）原來這一切都是迦葉三弟兄玩弄的把戲，他們是想借此試探這位自稱已經成佛的人，到底有何法力？我們可以想像一下，因為他們是赴火外道，平日跟火打交道，所以在這些把戲裏，絕少不了使用燃火等方式。此外他們還會使用一些假冒神鬼之類的幻術，據說，這些他們非常擅長。沒想到這一切對於已經經受過全面而系統心智訓練的釋迦牟尼來說，簡直就是小兒科。此時的釋迦牟尼在那些烈焰燃燒的「魔鬼」面前身如磐石，心入深定，無論他們怎麼折騰，都紋絲不動。這樣一來，三個裝神弄鬼的弟兄反而被嚇壞了，他們知道眼前這位沙門已經到了遠離恐怖的境界，在各種威脅與恐懼面前不動如山，這只有傳說中那些大成就者才可以做得到。

後面的事情不用多講，結局當然是三迦葉心服口服，同皈於佛。不僅如此他們的那些追隨者，也一同皈依釋迦牟尼的門下。（《律藏．大品》）顯然經中對於這段釋迦牟尼「降鬼服魔」的事件又作了大量神話般的描述。據說當時惡龍從口中噴出濃煙，定中的釋迦牟尼也噴出濃煙；惡龍口中噴火，釋迦牟尼也如法炮製。後來他以法力將惡龍降服，並收於缽中。第二天一早迦葉兄弟以為他已被烈火燒死，不想一進到庵中，釋迦牟尼就把缽中的惡龍拿給他們看，三兄弟大驚失色。這些我們不去過多地敘述。倒是有一點是值得我們注意的，佛經中有許多釋迦牟尼與外道鬥法的故事，結果總是對方鬥不過他而被他降服，最後成為他的弟子。實際情況恐怕並不這麼簡單。首先，釋迦牟尼不是一位神秘主義者，他大可不必通過所謂的「神通」去降服別人；其次，他是一位和平主義者，絕不會使用強力來使對方臣服。

按照佛經中的描述，世上的任何力量都難以與佛的「神通」力相抗衡。如果真的如此，改

降龍羅漢 南宋 陸信忠 絹本設色 日本相國寺藏

兩條巨龍正在上下翻滾遊戲一隻寶珠，羅漢似乎正在施展神通與二龍鬥法，他居高臨下儼然已經佔據了上風。佛教故事中，像這樣施展神通降服「惡龍」的傳說很多，最後往往是惡龍被高僧收在缽中或被迫顯露原形，看來這兩條惡龍的下場也不會太好。

變整個世界豈不是彈指間的事情？哪裏還會有外道沙門與釋迦牟尼話不投機分道揚鑣？哪裏還會有釋迦族亡國滅種的災難？再者，他覺悟後所總結的教法圓融而通俗，他本身又是一位非常高明的演說家及教師，完全可以通過正常的方式傳播他的教法。更何況比試「神通」又是他一直以來所禁止的。他成道後反對弟子們片面地追求各種「神通」，並嚴格禁止濫用「神通」。

「神通」一詞在巴利文中最早被解釋為「記憶」，（《佛陀與原始佛教思想》第三章・五、神通觀 郭良鋆著）這可能是專指「宿命通」而言，因為這種跨越時空的記憶力，是在深入禪定中產生的，我們前面談到釋迦牟尼在覺悟前的禪定中，曾得到「三明」，「宿命明」就是其中的之一。「神通」這個詞後來被解釋為超常或超自然的能力。早期佛教經典中談到六種「神通」分別是：「神變」、「天耳」、「他心」、「宿命」、「天眼」、「漏盡」。根據佛經的描述我們不妨簡單地介紹一下。

「神變通」（如意通）是指「神通」者可以化身多個以至無數；可以按照自己的意志任意

隱身顯身；穿牆入山無有障礙；在地中行走如同游於水中；在水面行走如履平地；打坐騰空，任意飛翔等。

「天耳通」是能夠聽聞遠近的聲音，甚至包括梵界（天界）。

「他心通」是指能知曉他人甚至三界眾生的心理活動。

「宿命通」可以憶念自己的前生，一生以至百生、千生、無數生，甚至可以了知宇宙的一個又一個生滅過程。

「天眼通」可以見到眾生（六道）的生死、各自的果報、貴賤、美醜等。

「漏盡通」能夠知悉苦、集、滅、道的真理，使自身擺脫欲望的煩惱，斷生死，立梵行，最終達到解脫而入寂涅槃。其實，唯有這種「神通」才是佛教所獨有的，稱為出世間「神通」，其他五種「神通」則是印度傳統宗教所共有的，稱為世間「神通」。

嚴格地講「漏盡通」不應該被劃到「神通」之列，因為它是一種內證的結果，而沒有任何可以外示的成份。其實佛教所追求的就是這個目標，它實際上與「神通」並沒有什麼關係。此外其他五種「神通」都不是佛教所鼓勵的，佛教認為它們通過外道的修習，同樣可以獲得，看來前五種「神通」之說，在古代印度修行界是早於佛教的。

據說「神通」來自禪定，但禪定之法可以被用做各種不同的目的。佛教是借用禪定得到根本的智慧以實現最終的解脫。但釋迦牟尼認為「神通」與解脫沒有直接關係，有「神通」的人不一定能達到解脫境地，相反達到解脫境地的人不一定有「神通」（《雜阿含》卷十四，三四七經）（漏盡通除外），因此謊報有「神通」的人還會被逐出佛教僧團。這說明釋迦牟尼非常重視「神通」的負面影響，因為它既可以被用作求取個人利益的不法之舉，又可以蠱惑人心擾亂世間，所以釋迦牟尼在傳道之初就將這種禪定的「副產品」排斥在正法之外。

經中有一段記載，足以使我們了解釋迦牟尼對待「神通」的態度。有一年他住在那爛陀的時候，曾經有一位年輕人再三請求他同意比丘們顯示「神通」，以增進這個地區的住民對佛教的信仰。釋迦牟尼回答說「我從來不教弟子們為大眾顯示『神通』，我只教他們在安靜的地方，靜靜地思維真理。如果有功德，不要表現出來，如果有過失則應自我發露，懺悔檢討。」（《長阿含經》卷十五第二十四經《堅固經》）「正因為我看到了施展『神通』的缺陷，我對此感到憂慮、厭煩和羞恥。」（《長尼迦耶》一．二一三、二一四）可見，釋迦牟尼對於神通變化既不鼓勵，更不宣揚。相反，他認為那只不過是一些雕蟲小技，並且將這些比作如同「犍陀羅咒術」或「摩尼咒術」等江湖表演，（《長尼迦耶》一．二一三、二一四）不光對佛法無益，反而有傷大雅。據記載，他還曾嚴肅地批評過一位與外道比試「神通」的弟子。有一次，一位富商將一隻檀香木缽置於竹竿頂部，問在場的幾位外道行者誰能將缽取下？兩位外道都表示做不到，此時有一位佛陀的弟子，施展「神通」升空將鉢取下，得到了富商的讚譽。此事後來被釋迦牟尼得知，他很嚴肅的地批評道：為了一隻鉢顯示「神通」，就如同一位妓女為了一點小錢展露自己的肉體一樣。（《律藏》小品）不僅如此，他還反對以接受施主佈施為生的出家人，操持各種低級技藝作為謀生手段，諸如祭祀、看相、占卜、預言、咒語、求願和醫術，他強調自己的教法遠離這些行為。（《梵網經》大戒品）

有一則故事可以說明當時有「神通」的比丘，是如何捨棄因此而得到的榮譽和利益的。據記載，有一位在家人，請比丘們到家中吃飯（供養），飯後他堅持要送比丘們回住地。當時天氣異常悶熱，一位比丘在徵得首席比丘同意後，大施「神通」，於是風起雲湧、雨水降落，天氣即刻涼爽。這位在家人驚歎不已，跟隨比丘們回到駐地後，請求他繼續顯示「神通」，比丘無奈只得再次施展「神通」，將一件衣服鋪在地上，放了一些草在上面，自己走進屋內關上門，很快火焰從門上的鎖眼中竄出，草即刻被化為灰燼，但下面的衣服卻絲毫無損。在家人徹底服了，表示一定要供養這位身懷絕技的比丘，但是這位比丘很快就收拾衣鉢離開這裏，到其他地方去了。（《雜尼迦耶》第四十一〈質多集〉，對應漢譯《雜阿含經》第五七一經）這一記載的真實性我們不去評判，就這一記載能夠進入早期的佛教經典這件事本身來說，就已經表明了釋迦牟尼及其僧團對於「神通」的態度。

其實佛教經典中對「神通」的記載還是很多的，如佛陀的大弟子目犍連就是一位以「神通第一」而享譽佛教內外的人物，佛經對他「神通異能」的描述不僅很多而且有聲有色。五百多年後，佛教傳入中國，這種情況又得到進一步發展。

最初佛教得以傳入，並不是因為它教義的特殊，相反倒是因為當時從漢帝國宮廷到地方，都一致認為它是一種「異術神技」。漢以至魏、晉、南北朝時，方術異常盛行，所謂「異術方技，尤為時人所樂尚」，（《後漢書・方技傳》）面臨這樣的環境，佛教的進入，必然受到相應的影響。當然，外國來的和尚們，對漢地文化非常熟悉與了解，除了正宗佛教思想的研究與弘揚外，也開始研究那些異術方技（因為其外在表現形式非常類似，中國人往往將方技、巫術與「神通」混為一談。），甚至會利用這些方術，以提高佛教的地位。因為不這樣，確實很難降得住深信神秘力量的中國人。當時從西域及印度帶來的各種方技異術，更使中國人眼花繚亂，信奉者與日俱增。

西藏脫模泥佛像

根據史料分析，在中國歷代有「神通」的僧人往往都會得到信仰佛教的皇帝及其上層人物們的供養和重視。南朝梁武帝時，有一位叫做寶志的僧人就曾以他的

「神通」異能受到齊、梁兩代朝廷的供奉。據說，寶志有分身之術（神變通），經常有人會在幾個地方同時見到他。更稀奇的是，他可以覺察別人的心思（他心通）。有一次，一位僧人想送他一件衲衣，還沒來得及張嘴，突然寶志出現在他的面前，拿起衣服就走。（《高僧傳》卷十）然而真實的釋迦牟尼及佛教，卻完全不是這個樣子。

不同的佛教

正如法國學者亨利．阿爾馮所說：「最初佛陀傳授的佛教是否稱得上宗教?沒有上帝，揚棄神聖的傳統（天啟），這使佛陀和他的弟子們免除祭祀，一切聖事。沒有啟示也沒有神秘理論。」「佛陀既不是先知也不是上帝，而是一個人。此人在智力和道德上經過異乎尋常的努力，終於識破人類命運的奧秘。於是他的教義為人類思想提供了極其堅實的根據。但是，正如一顆種子在水和熱量的作用下會綻開，會變成一株與它毫無相似之處的植物，佛陀的原始教義，在未滿足人類精神對宗教和神秘主義的需求的壓力下，派生出各種不同的佛教。」（《佛教》第二章〈法〉亨利．阿爾馮著）這樣說來，佛教在傳播的過程中為適應當時、當地的情況及滿足人類純宗教方面（包括神秘主義）的需求，不停地調整自身適應生存，是一件很容易被理解的事情。

梁啟超先生說：「（佛教）是人類社會之產物。既為社會產物，故一方面能影響社會，一方面又恆受社會之影響，此事理無可逃避者。佛教有兩千餘年之歷史，有東西數十國之地盤，其播殖於五印以外者，順應各時代、各地方之社會情狀為種種醇化蛻遷，故無待言。」（見《印度史蹟與佛教之關係》一文，自梁啟超《佛學研究十八篇》）所以當佛教進入西域後很快被西域化，這主要體現在希臘化的造像藝術，和類似的崇拜形式。後出的大乘佛教經典就是一個例子，譬如淨土信仰中最重要的三部經典，包括《阿彌陀經》、《無量壽經》、《觀無量壽經》（也稱淨土三經），完全可能是佛教受到了西域地區宗教文化影響的產物，因為它們最初產生並流行於西元一——二世紀（大約釋迦牟尼滅度五、六百年後）貴霜王朝統治的犍陀羅地區。（參見《佛經的文學性解讀》第五章 侯傳文著）它力圖使信徒們相信，對阿彌陀佛的絕對信仰（發願、一心念誦阿彌陀佛名號等），可以達成死後往生西方極樂世界的目標。這與釋迦牟尼時期「以自己為島嶼（釋迦牟尼臨終前對弟子們的最後遺教）」通過個人自身努力求得解脫的思想大相逕庭。按照早期經典的記載，釋迦牟尼在世時，並不以鼓勵弟子求得來世往生於天界為目的，而是以追求擺脫生死輪迴的根本解脫為目的。（《法句經》第十四品・一八七偈）據一些學者分析，這一地區在當時是印度與西亞、北非文化的交匯之處，淨土三經很可能受到西方某些宗教、文化的

《佛說阿彌陀經》書影

影響；（參見《佛經的文學性解讀》第五章 侯傳文著）後來西域化了的佛教又進入中國漢地，與儒、道兩種思想相互影響，長期融合，很快也被漢化；佛教進入藏區後，也受當地神秘主義和秘密思想的影響，很快被藏化。世上由此出現了完全不同的佛教，但有趣的是，他們都無一例外地稱自己所信仰的教派為釋迦牟尼所創。

其實，佛教向外傳播之前，在印度本土就已經出現了各種各樣的教派，當然這些不同的佛教最初確實全部來自佛教本身，但因為內部成員對於經、律的看法有所不同，相互爭論到矛盾不可調和的程度，至此原本統一的僧團開始分裂，這就是所謂的「部派佛教」時期。

早在釋迦牟尼剛剛滅度不久，他的弟子大迦葉組織第一次佛經結集時（史稱七葉窟結集），對於釋迦牟尼學說的不同看法就已經在僧團中出現了。據說當時大迦葉組織的五百比丘都屬頭陀行派，他們當時可能只代表的佛教僧團成員的一小部分。據說當時在外地宏法的富婁那，聽說結集佛經一事，也帶領五百比丘趕來參加集會，但因來得太晚，沒能參加這次結集，事後他雖對結集的內容進行了認定，但卻對戒律提出了不同的看法。他說曾親自聽導師（釋迦牟尼）講過有「八事（是一些有關飲食的細微戒）」是可以捨棄的，但受到大迦葉的否定。富婁

觀無量壽經變相圖 敦煌

那在佛陀弟子中被譽為「說法第一」，因此自然得到很多大眾的支持，因此他們當場提出：「我忍餘事，於此七條不能行之。」（《部派佛教》第二章 弘學著）此外就在七葉窟結集的同時，最初跟隨佛陀的五比丘，也在附近聚眾結集經典，他們顯然是被大迦葉排除在外的人，這些人從資歷上比大迦葉還老，他們自然不能接受被排除在結集經典的專家學者之外的現實。由此看來釋迦牟尼剛剛滅度，僧團內部就已經意見分歧，往後的路自然更加難走。

據說佛陀在世時，弟子們來自各個不同的地區、種姓和民族。印度被稱為人類博物館，有白種人、黃種人、黑種人、棕色人等，可見其人種之複雜。目前印度流行著一百七十九種語言及五百四十四種方言。當時的情況雖然不像今天這樣複雜，據說也有百種以上的方言。佛陀在世時，一反婆羅門教以雅語（梵文）傳教的傳統方式，而鼓勵弟子們用各種方言傳播他的教法。因為他的教團中，四種姓、各民族的人都有，所持語言、方言更不待言。如果只用一種語言傳教，那顯然是無法達到目的的。佛陀最早度化的五比丘與舍利弗及佛陀的兒子羅睺羅所說的語言都不相同，佛陀本人傳法也不只使用一種語言。（《部派佛教》第一章 弘學著）

圍繞這個問題，佛陀門下有些出身婆羅門的弟子們曾不只一次地向他提出用雅語（梵文）傳播佛教的建議，他們的理由是梵文語言比較優美、規範。但是佛陀的回答是：「吾佛法中，不以美言為是，但使義不失，是吾意也。隨諸眾生，應以何音而得受悟，應為說之。」；（《毗尼母經》卷四）就是說佛教並不講求語言的美，但強調義理不可偏失，應該在語言上隨順眾生，用他們聽得懂的話，將真理傳播給他們。後來也有人提議用梵語來統一語言，使佛教經義不致喪失，佛陀仍予拒絕；（《四分律》卷五十二）據說有一些居士曾譏諷一些持方言誦經的出家人，使他們感到羞恥，因此佛陀對那些居士進行了批評。（《五分律》卷六）當然這無疑使得佛教在傳播的過程中更加方便，但也為佛教在釋迦牟尼滅度後出現各種分歧和矛盾種下了隱患。佛教教團很可能在後來的時光中形成區域性的派系，學說也因此產生不同的差異。直到一百一十年後，一次無法避免的紛爭，促成佛教僧團漸漸開始分裂，部派出現。部派佛教又成為後來大乘與小乘徹底分家的前因。

大迦葉 泥塑 麥積山 北魏初塑 宋代重塑 明代修繪

這位看上去一臉嚴厲、不苟言笑的首席大弟子，很容易令人將他與獨裁者畫上等號，至少他在佛教經典結集的問題上顯得有些過於獨斷專行。

比丘的精舍

轉過頭來，我們繼續回到釋迦牟尼時代。就在收三迦葉事件發生前不久，釋迦牟尼在鹿野苑時，曾收下了那位我們提到過的耶舍。耶舍也是一位王子（或說是富商的兒子），我們前面曾經提到，他因為與舞女們通宵達旦地玩樂，不知不覺地睡去。等他醒來時，見到睡在周圍的那些舞女們的醜態，大驚失色。因為聽說鹿野苑有一位成道的佛陀，能解除眾生的煩惱，於是穿著一雙金拖鞋跑來見佛陀。（《律藏．大品》資料來源：《佛陀和原始佛教思想》郭良鋆著）按照經中的描述，此時的耶舍情緒非常激動，幾乎有些發狂的跡象，嘴裏不停地喊著：「太可怕！太恐怖！」。釋迦牟尼卻用慈悲的口氣勸慰道：「這裏不可怕，這裏不恐怖，來吧，耶舍！坐下。我為你說法！」（《律藏．大品》。資料來源：《佛陀和原始佛教思想》郭良鋆著）

耶舍聽到釋迦牟尼所說的法後，決定隨他出家，成為繼五比丘後的第六位佛教出家弟子。耶舍的出家曾引出了一段具有深遠意義的插曲。因為他的出家，他的父母也成為釋迦牟尼的信徒（《律藏．大品》。資料來源：《佛陀和原始佛教思想》郭良鋆著），但由於他們都是在家人，所以有別於出家的僧人。由此佛教有了最早的在家男、女信眾（男子稱「優婆塞」意譯為近事男、清信士等；女子稱「優婆夷」意譯為近事女、清信女等。意為親近三寶、持五戒的佛教俗家弟子——筆者注），後來也稱為男、女居士。

此後的一段時間裏，由於各種因緣，釋迦牟尼又接收了一些弟子，他決定帶領弟子們到王舍城去。路上又有三迦葉的加入，僧團有了一定規模。到達王舍城時，這一新到來的僧團，組織規整，威儀不同一般，這引起了摩揭陀國王頻婆娑羅的注意。其實，六年前釋迦牟尼剛剛出家時，曾來到這裏。當時還未悟道的他，也是在很遠的地方就被頻婆娑羅王注意到。據說大王見到他身體強壯、儀表不凡，於是派人暗中打探他的住處。在他居住的森林中，頻婆娑羅王曾與釋迦牟尼有過一段深入的交談。當他得知這位出家的沙門，出身於剎帝利種姓後，曾勸他還俗，並承諾將一支裝備精良的軍隊交給他，請他擔任這支軍隊的統帥，並許以豐厚的待遇，（《經集・出家經》四二〇、四二一。）但是這些都被釋迦牟尼婉言謝絕。經中這一段敘述，又使我們聯想起那個有關轉輪聖王的預言。「不是轉輪聖王，就一定是覺悟的佛陀！」。也就是說還沒有最終覺悟的佛陀，必然會讓人一眼看出他應該是一位「統帥級」的人物，這可能又是一種誇張的描述。當時頻婆娑羅王問到釋迦牟尼身世的時候，得到的

耶舍 泥塑 西園寺

回答是：「我是釋迦族，屬於拘薩羅國。」（《經集·出家經》四二〇、四二一。資料來源：《佛陀和原始佛教思想》郭良鋆著）當時摩揭陀與拘薩羅是相互征伐的敵國，釋迦牟尼又是來自這個敵國。頻婆娑羅王在未加以任何考察的情況下僅憑一個簡單的印象就聘請對方做自己國家正規軍的統帥，顯然有些說不通。

相比之下，六年後的有關記載倒是可信得多。佛教僧團進入摩揭陀國的首都王舍城，頻婆娑羅王聞訊後，前來拜見已經有些名氣的佛陀。在他的要求下，釋迦牟尼將他的緣起理論進行了解說。頻婆娑羅王和他的隨從們，包括一些婆羅門都表示接受。這位國王當場提出了皈依佛門的願望，並於第二天，邀請釋迦牟尼及其僧團的成員們一起聚餐。餐後他決定將王舍城郊的一處竹林贈送給僧團居住。（《律藏·小品》。資料來源：《佛陀和原始佛教思想》郭良鋆著）這樣一來，佛教僧團有了固定的居住地，但那並不是房間建築，只是一處環境比較好的竹林。

值得注意的是這個時期，佛教僧團與其他的沙門教派一樣，是在露天居住的，他們都被籠統地稱作沙門。此後不久，有一位接受了佛教的富商，向僧人們提出要在竹林為他們建築可以遮風避雨的房屋。僧人們有些猶豫，因為此前釋迦牟尼是不同意他們住在固定房間裏的。這時候，有人又去請示釋迦牟尼，沒想到，這次卻得到了他的同意。很快六十處住所建成。此後釋迦牟尼和他的僧團有了固定的居所，這就是他們日後弘揚佛法的一塊重要根據地，叫做「竹林

精舍」。（《律藏．小品》。資料來源：《佛陀和原始佛教思想》郭良鋆著）

其實，據佛經記載，這些建築是在很短的時間匆匆建起的，應該不會是豪華而堅固的建築。據當時佛教僧團的情況分析，佛教已經是一個比較大型的團體，需要有一個比較固定的住處，以便實施集體管理。如果仍然採取野居的狀態，僧團的成員則必須分散聚居，形成不固定的游動狀態，容易孳生一些自由散漫的習慣，所以此時釋迦牟尼同意這一建議是明智的。這些簡易建築被稱作「精舍」很容易被人誤解，認為精舍應該是精緻的建築，其實不然，佛經中有些地方把「精」字解釋為「精進」、「精行」倒是顯得恰當些。

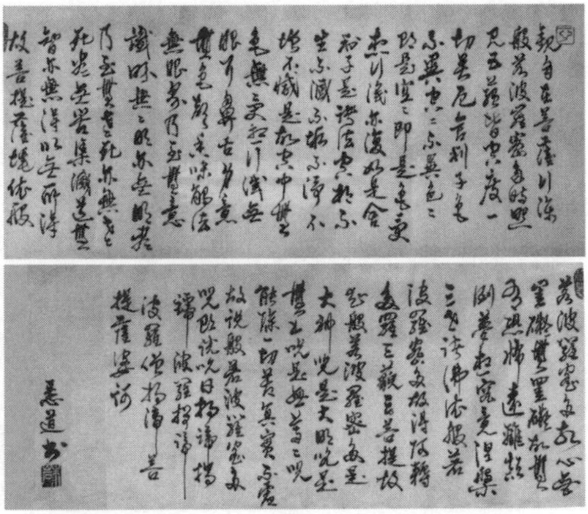

《般若波羅蜜多心經》行草 作者手書

就在這位贊助精舍的富商忙著規劃竹林建築的時候，他的一位的姐夫遠道來訪，見到釋迦牟尼後，同樣被他的說教所感動，成為他的俗家弟子。這位叫做給孤獨的居士，是佛教的一位大護法（護持和擁戴佛法的人）。他可能是拘薩羅人，所以他向佛陀提議在拘薩羅的首都舍衛城，也建造一處可以供僧人們雨季居住的居所，並得到了釋迦牟尼的同意。

給孤獨回到舍衛城，四處尋找適合僧團居住的地點，結果他看中了太子祇陀的一座園林。當然這座皇家園林自然是不會輕易轉讓的，在給孤獨的反覆哀求下，太子提出了一個非常苛刻的條件，如果給孤獨能用十萬金幣鋪滿這座園林，就同意將園林轉讓給他。給孤獨到底有多富有，我們不得而知，但是他果真用車拉來十萬金幣，鋪來鋪去，大門邊上還是有一塊地方沒有鋪到。祇陀太子搖搖頭說：「算了，那就算是我的佈施吧！」（《律藏．小品》。資料來源：《佛陀和原始佛教思想》郭良鋆著）。

這個地方稍加改造就成為後來的「祇園精舍」。此後這兩座屬於兩個國家的「精舍」，便成為釋迦牟尼傳播教法的兩個重要根據地，直到晚年。

伍、導師麾下的僧團

家鄉的弟子們

轉過頭來，我們再回到王舍城的竹林。在那裏還沒有修建精舍的時候，有一天釋迦牟尼想到了他離別已久的祖國，於是決定回到迦毗羅衛去看望自己的父母和其他宗族成員。按規矩他的僧團在離城不遠的一座園林中安住下來。（《律藏・大品》。資料來源：《佛陀和原始佛教思想》郭良鋆著）按照佛經裏的記載我們可以了解到，佛教僧團一般是很少進入城市居住的，他們都與城市保持著相當的距離。所以當他們遊化到某座城市附近時都會在稍微偏僻的郊區找一處安靜的森林或園林棲息。因為他們是出家的僧人，過著梵行生活，追求清淨，自然要與俗世保持距離。但是他們一般乞食時是會進入城市的，得到食物後，都會到一個偏僻處去食用。

到達這座園林的第二天一早，釋迦牟尼就攜帶衣缽進城去見父親淨飯王。淨飯王見到兒子自然非常高興，我們不作過多的介紹。

此時，羅睺羅和他的母親也來見釋迦牟尼。我們曾經提到，當年王子離家時，他的兒子羅睺羅剛剛出生，此時應該已經到了六、七歲的年齡。這時母親對羅睺羅說：「那是你的父親，羅睺羅！你去向他要遺產。」這個孩子非常有趣，他對這位陌生的父親說：「你的影子很溫暖，沙門！」。飯後釋迦牟尼站起身來向外走去，這個孩子就跟在後面不停地說：「給我遺產，沙門！」。我們知道，釋迦牟尼是一位出家者，世俗的一切都已經不屬於他。羅睺羅所要的「遺產」顯然不是指物質上的，而是精神上的。釋迦牟尼會意地對弟子舍利弗說：「給他出家吧！」，於是舍利弗就給這個孩子剃度。（《律藏．大品》。資料來源：《佛陀和原始佛教思想》郭良鋆著）從此後僧團中就有了兒童出家作沙彌（沙彌是指剛剛出家的僧人，沙彌有三類：七至十三歲，名驅烏沙彌，比喻其只能驅逐烏鳥。十四至十九歲，名應法沙彌，正合沙彌的地位。二十至七十歲，名名字沙彌，雖然在此年齡內，本來應居比丘位，但因剛剛出家，多存俗情，所以暫時也稱沙彌。但他們都應受持十戒——見《佛學常見辭彙》陳義孝編。）的先例。

佛經上的記載就是這些，剩下的我們只能憑想像來理解。羅睺羅年齡尚小，肯定還不能夠完全理解「遺產」的意義。但是這個孩子會遺傳他佛陀父親在兒童時期就喜歡沉思默想的天性則是可能的。所以向父親索要遺產之說未必一定是真實的事情，作為母親也未必會真的希望自己的兒子與丈夫一樣去出家，何況是在這未諳世事的年齡。另外這位小王子對他的父親說他的影子很溫暖，這本身就是違背常識的，影子顯然是太陽照射不到的地方，反而要比太陽光還溫暖，這可能又是一種誇大，但是這一記載卻有很重大的象徵意義。

在羅睺羅出家這件事情上，釋迦牟尼處理得似乎有些簡單。在此前他的弟弟難陀也已經隨他出家。這樣一來，與淨飯王最親近的兒孫都離他而去。這使他感到異常悲傷。他找到釋迦牟尼，談到當年因他的出家，給父母造成的心理打擊是深入骨髓的。所以提議僧團未來接受兒童出家，應該徵得父母的同意。釋迦牟尼非常認真地傾聽完父親的抱怨，並接受了這個建議，馬上告誡僧團，今後接受出家者，都應徵得父母的同意，不然就是非法的。（《律藏·大品》。資料來源：《佛陀和原始佛教思想》郭良鋆著）

剛剛出家的羅睺羅，因為年齡尚小，不可能像成人一樣自律，他可能很調皮，也可能會不聽管教。通過經中的記載，我們知道羅睺羅出家後並不與釋迦牟尼住在一起。按照當時的情況，釋迦牟尼曾委託自己的大弟子舍利弗為羅睺羅剃度，所以羅睺羅理應是舍利弗的弟子，應該跟隨舍利弗學法。

羅睺羅尊者 泥塑

有一天傍晚，釋迦牟尼來到羅睺羅的住處，羅睺羅很有禮貌地侍奉父親洗足，然後頂禮後坐在一旁。釋迦牟尼將一些水倒入一個水罐，說道：「羅睺羅，你看到水罐裏的那點水了嗎？那些不知羞恥，故意說謊的人，就像這樣，沒有多少沙門性。」然後他將罐裏的水潑掉，說道「那些不知羞恥，故意說謊的人，就像這樣，潑掉了沙門性。」接著他又將水罐口朝下放在地上，說道：「那些不知羞恥，故意說謊的人，就像這樣，倒覆了沙門性。」最後，他將水罐反過來口朝上，說道「那些不知羞恥，故意說謊的人，就像這樣，沙門性空無。」釋迦牟尼繼續舉例說：「譬如一頭御象，在戰鬥中使用前腿、後腿、前身、後身、頭、耳、牙和尾，然而卻縮回鼻子。那麼，象夫會想：『儘管他使用全身，但縮回鼻子，還不能徹底為國王獻身』。一旦他使用鼻子和全身，象夫會想：『這下他能為國王獻身了，不再需要調教了。』羅睺羅，只要有人不知羞愧，故意說謊，我就不能說他們不再需要調教了。所以，你必須培養自己絕不說謊，哪怕只是開玩笑。」（《中阿含經》第十四《羅雲經》）隨後，釋迦牟尼以鏡子舉例，告訴羅睺羅，要像照鏡子一樣，對自己的心、口、意進行反覆的關照使它們不違犯道德。（《中尼迦耶》一·四一四、四一五）從這一記載中，我們可以看出，釋迦牟尼非常注意從這些基本的道德入手，教導他的弟子首先要遵守一個人所應該遵循的基本道德，才可以談得上高深的修行，不然即使再努力，也達不到目的。按照釋迦牟尼說法的習慣，這有可能是針對剛剛出家的羅睺羅的一些不當舉動而說的。

這次釋迦牟尼返回故鄉，事實上引起了一場連鎖反應。一個宗族出了一位聖人，絕不是一件平常的事情。這在當時非常重視家族宗教傳承的釋迦族來說，是一件天大的喜事。他們對於這位聖人能給他們帶來心靈的寧靜而感到滿足，一時捨俗出家的願望在那些年輕人們的心中湧動著。漸漸地跟隨釋迦牟尼出家作比丘形成了一場運動。釋迦牟尼住在家鄉的這段日子裏，接受了很多釋迦族的子弟進入僧團。有關這些經中的記載非常龐雜，我們不作過多的介紹。只是有幾個人應該引起我們的注意。

當時跟隨那些釋迦族王子們一起出家的，還有一位叫做優波離的剃頭匠。這位剃頭匠不同於釋迦族人，他屬於當時最低等的首陀羅種姓。他原本是應邀陪同這些王子們一同到釋迦牟尼那裏去，因為王子們不知道釋迦牟尼的住處，所以由他帶路，等到了那裏，王子們就打發他回去。然而優波離很快又折返回來，向這些王子們請求一起皈依釋迦牟尼。也可能這位優波離的人緣不錯，抑或平日裏和這些王子們混得太熟了，大家都表示同意，帶著他一起去見釋迦牟尼，並提議讓他先剃度，按照慣例剃度早的一定是師兄，後剃度的就要向師兄頂禮致敬。因為這些王子們了解到釋迦牟尼是講平等的，對種姓制度很反感。另外這位優波離一直以來就是他們身邊的僕役，全心全意地伺候他們，也應該受到他們的頂禮。釋迦牟尼欣喜地接受了王子們的建議，並為他們先後剃度（《律藏．小品》。資料來源：《佛陀和原始佛教思想》郭良鋆著）。此後這位優波離在僧團中享有與

《六尊者像》局部 絹本設色 唐 盧稜伽繪

畫中的這些尊者、羅漢，很可能是早期佛教出家人中的成就者。

其他成員同樣的待遇，並被釋迦牟尼授予護持戒律的職責，也就相當於紀律糾察隊的隊長。後來他也成為釋迦牟尼最有成就的十大弟子之一。

這次與優波離一起跟隨釋迦牟尼出家的，還有兩位重要的人物。一位叫做阿難，他出家不久就成為釋迦牟尼最親近的侍從，他被認為有超人的記憶力，在教團中稱「多聞第一」。再加上此後四十多年的時間裏，他與導師釋迦牟尼幾乎是形影不離，被認為是得到釋迦牟尼教誨最多的人。此外釋迦牟尼說法是不拘形式的，可能會在千人的法會上，作長篇的演講，也可能是在行路中，針對一人一事作三言兩語的開示。更可能是與外道的一些你來我往、一問一答的辯論。這一切只有阿難全程跟隨，少有遺漏。所以釋迦牟尼滅度後不久，佛教弟子們進行第一次佛經的結集時，就請這位阿難坐在上座的位置上，憑記憶將佛所說過的話一一誦出，再由大家共同印證沒有錯誤，才算成立。還有一個傳說，由於阿難長期跟隨釋迦牟尼，耳濡目染，行住坐臥、語言表情都與釋迦牟尼生前酷似。所以在佛經結集的過程中，很多人誤以為是釋迦牟尼現身在為弟子們說法。因為他們是堂兄弟，血緣很近，再加之多年生活在一起，表情與行為酷似也並不奇怪，這些我們先存而不論。

這次出家的王子中，還有一位是我們不能不提到的，那就是提婆達多，他與阿難是親兄弟，也是釋迦牟尼的堂兄弟，他們的父親，可能是淨飯王的親兄弟。他們的年齡應該比釋迦牟尼小一些。釋迦牟尼成道的消息，使他們倍受鼓舞，所以相約一同跟隨這位偉大的佛陀。但是兩位親兄弟的結局卻截然不同，一位成為釋迦牟尼終生的追隨者，另一位則在後期成為背叛者。有關提婆達多與釋迦牟尼之間所發生的事情，前面已做過分析，此處不再贅述。我們還是來解釋一些佛經記載中的小問題吧。

阿難像 大足石刻 南宋

與大迦葉比起來，同是佛陀大弟子的阿難，卻是一臉的憨厚像，謙虛而謹慎。

經中對於這些跟隨釋迦牟尼出家的釋迦族人，都冠以王子的身分，這顯然是有問題的。因為只有淨飯王這一系的嫡傳子孫才可以稱為王子，換句話說，當年的悉達多、後來出家的難陀、還有羅睺羅，無疑是應該被稱作王子的。但淨飯王的兄弟們的後代則應該有所區別，更不用說其他更遠的分支了。我們前面介紹釋迦牟尼所在國家的情況時，曾強調他的父親淨飯王是一位被十座小城的貴族們推舉出來的「國王」，十座小城的負責人叫做城主還算恰當，如果叫做國王，那顯然是誇張的。如果這種稱呼站得住腳，那麼淨飯王，就應改稱做皇帝，而各城的城主則應被稱為諸侯王，但從當時的實際情況看，這種假設顯然是站不住腳的。更何況那時的迦毗羅衛國已經到了名存實亡的地步，怎麼可能有這種理想的稱呼？由此看來這又是那個「轉輪聖王」情結的一種反映。

搞清楚這些，我們也就可以大膽地懷疑後期經典中，跟迦毗羅衛相關的那些皇帝、皇后、太子、王子的記載了。同時也能搞清楚跟隨釋迦牟尼出家的，並沒有那麼多王子身分的人，相反可能更多的是些釋迦族的子弟。從優波離得到允許出家這件事情上看，當時跟隨釋迦牟尼出家的貧民百姓（包括吠舍、首陀羅階層）也不在少數。只是這些記載不如王子們的出家更能打動人心罷了。

十六羅漢圖局部 五代 貫休 立軸 絹本設色

畫中描繪了一位叫做諾距羅的出家人，他可能是釋迦牟尼的一名弟子，原本是一位勇猛的武士，後來皈依佛陀出家做了沙門，為了改正他的粗俗性格，佛陀教他靜坐修禪，後來成就阿羅漢果位。

有趣的是這些「王子」們出家的情況各自不同，當時有兩位釋迦族的兄弟，看到其他人踴躍出家時，曾有過這樣一段對話。兄長對弟弟說：「現在有很多『王子』都跟隨佛陀出家了，而我們家裏還沒有人出家，那麼下一個是你還是我？」弟弟回答說：「我從小嬌生慣養，我可不能出家，還是請你去吧！」兄長說：「那我就教你在家的謀生手段，犁地、播種、灌溉、除草、收割等等。今年作完了，明年還要作，年復一年，沒有止境。我們的父輩已經去世，但是工作還要繼續，所以你要學會這些工作，我就出家！」從這段話裏，我們也很容易了解到，這兩位所謂的「王子」，是依靠種田為生的，而且是世世代代如此，這應該屬於第三種姓吠舍所從事的職業。這樣一來，釋迦族完全屬於剎帝利種姓之說，就大有問題。所以稱他們為「王子」，就更說不通了。

弟弟一聽這話害怕了，於是找到母親要求同意他出家，母親開始不同意，最後被他磨得沒有辦法，就告訴他，除非釋迦的另一位族人跋提出家了，你就可以跟他出家。跋提在釋迦族中有一定的地位，所以被稱為「釋迦王」。這位弟弟急忙跑到跋提那裏請求與他一同出家。跋提告訴他，即使出家也要到七年以後，到時候我們一起去吧！這位弟弟當然不答應，與跋提討價還價，一年一月地遞減。最終釋迦王跋提不得不向這位小兄弟「投降」，出家時限由七年變成了七天。結果七天後他們與阿難、提婆達多等人一同剃度出家（《律藏．小品》。資料來源：《佛陀和原始佛教思想》郭良鋆著）。

由此看來，當時出家的人們，不都是被釋迦牟尼的教法所打動。倒是有很多人跟風，甚至是趕「時髦」，更有些人可能是為了逃避現實生活中那些繁重而辛苦的勞動。這種情況，無論是在釋迦牟尼時期，還是後來的兩千多年裏都不同程度地存在著，所以佛教僧團中仍然是一個微縮了的凡間世界。

僧團的戒律

鑒於這些情況，僧團開始慢慢建立起一套訓練新成員的條文，其他一些簡單的處罰犯戒的條例也開始慢慢豐富起來。對那些出家動機有問題的成員，也會採用勸退的方法，如此漸漸形成一套完整地授「具足戒」儀式。（《印度佛教史》英．渥德爾著）「具足戒」不同於簡單的三皈五戒，是正式授予具有比丘或比丘尼資格僧人的一套完整的戒律，剛出家的沙彌（剛出家的人不管年齡多大，都沒有比丘或比丘尼資格，相當於實習生，必須經過系統地學習與訓練後，才可以得到比丘或比丘尼資格。）是沒有資格受這種大戒的。但當時的「具足戒」可能不像我們今天見到的那麼系統，應該是比較初步、簡單的，而且還會有一個完善的過程。

剛出家的弟子，雖然沒有資格受「具足戒」，但也同樣要受沙彌戒，這是一個完整而嚴肅的儀式。這種儀式一般針對十六歲以上自願提出出家的人（包括女性），他們一開始必須穿戴俗家衣物，從出家人手中接過僧衣（袈裟），當眾請求接受他們進入僧團，並在大和尚的帶領下發願皈依三寶，也就是皈依佛（指釋迦牟尼，後期也泛指十方三世諸佛）、法（即達摩，也就是佛法，也稱正法）、僧（即僧伽，也就是僧團）。之後和尚為他們授十戒（不殺生、不偷盜、不邪淫、不妄語、不飲酒、不非時食、不聽視歌舞、不塗香裝飾、不坐臥高廣床位、不接受金銀）。十戒相當於佛教僧人的入門戒，接受了十戒才算出家，但身分只是沙彌（相當於實習生）而不能成為比丘。必須經過很長一段時間的學習與訓練，才可以申請受具足戒，成為正式比丘。申請程序大略如此，申請人須有兩位介紹人陪同，並接受僧團的審查，審查的內容非常細緻，首先要確定申請人沒有傳染病、沒有肢體殘疾、不負債、非奴隸、非現役士兵、非未成年人，年滿二十歲並徵得父母同意、有三件袈裟（僧人的三衣）和一隻乞食的缽等。這些問題都是以面對面問答的形式進行。當然介紹人有提供證明的義務，因為兩位介紹人中有一位應該是這位沙彌的老師（師父）。審查通過後，申請人即可受具足戒，履行成為正式比丘或比丘尼的全部儀式。出家人受戒，是佛教中的重要儀軌，沒有正式受戒的人，即使剃了光頭穿上僧衣，也不能被視作正式的僧人。

《四分律藏》書影 姚秦三藏法師佛陀耶舍、竺佛念譯

大約七百年後中國的三國時期，曾有很多佛教信徒按照外來僧人的樣子自行剃度，斷絕俗世，自稱出家人。因為此前中國的法律嚴禁國人出家，在這之後，雖有人自行出家，但沒有人認為他們是合法的僧人，直到一位洛陽人朱士行，在接受了來自安息國曇帝法師正式開壇受戒

後，才被載入中國佛教的史冊，被稱為中國第一僧。故而，不管你的地位如何，也不管你的修行達到多高的水準，只要你沒有正式受戒，都不能被稱作僧人、沙門。

釋迦牟尼滅度一千一百六十二年後，中國唐代高宗儀鳳元年（西元六七六年），一位叫做慧能的居士，在對兩位相互爭論的僧人進行了直指人心的點播後，竟然被臺上正在講解佛經的大和尚恭請為上座，此後大和尚不光對慧能驗明了五祖衣缽傳人的正身，還謙虛地向他請教頓悟之法，大和尚對眼前這位居士顯然已經以師相待。即便如此，正月十五，大和尚仍然以剃度師的身分，為慧能剃度，並請來名師為其授具足戒，有專門的律師為慧能講解戒律，不僅如此還請來中天竺的法師為他說戒等。一切手續履行完畢，慧能才算以出家人的身分承法作祖。其實這位禪宗六祖從聽聞佛法，到最終開悟的整個過程，幾乎都是在作居士的時候完成的，即便如此，他仍然要經過正式而合法的受戒後，才能得到合法僧人的地位。

詔迎六祖 木刻版畫

前面我們曾經提到，因為釋迦牟尼喜歡對他的僧團成員給予最大信任，最初的戒律非常寬鬆。隨著一些僧人不法行為的陸續出現，針對這些行為的戒律，才被慢慢地加進去，逐步形成一套較為完整的條文。當然，這並不代表此時的「具足戒」已經最終形成。我們現在可以見到的比丘的二百五十戒，及比丘尼的三百四十八戒很可能是在之後的幾十年裏逐步形成的。此外授戒的法師不是僅僅簡單地將這些戒文告知新受戒的比丘，讓他們熟記就可以了，而是要舉行一種儀式，並由專門的戒師逐條講解。比丘或比丘尼一旦受持了這些戒律，則不可違犯。如有違犯，將受到處罰直至開除僧籍。這是一套行之有效的方法，但並不是絕對的法律，因為其中很多是牽涉到個人起心動念的內容，所以它的主要作用是強調自律。令人們不可思議的是，僧團戒律的制定和最終解釋權並不完全屬於釋迦牟尼本人。他在這些戒律制定之初，就試圖避免使用非民主的方式。戒律的制定是要通過僧人大會進行投票，投票時全體僧人必須到場，因病不能出席也要委託他人代為投票或發表意見。在這類集會上，全體僧人被賦予各抒己見和自由辯論的權利。大會會對這些不同意見進行調和、折中以達到一致。這些得到一致的意見才會形成大家嚴格遵守的條例，（《印度佛教史》英·渥德爾著）也就是權威的戒律。

其實這種全體必須參加的會議，不僅限於戒律的制定。一切與僧團相關的重大事情，都會進行必要的討論與投票表決，並且盡可能達到全體通過。即使有少數持相反意見的人不能被說服，僧人大會仍會盡量協調，最後得到一個大家都能接受的結論，（《印度佛教史》英·渥德爾著）這種方式至少在釋迦牟尼時期是一直保持著的。

據記載，這些戒律條文，後來被規定在僧團的齋日（陰曆每半月的初八、十四、十五的夜晚僧人們集會對教義進行討論，齋日可能是印度傳統的宗教日，佛教本來並沒有遵守齋日的儀式，後來在摩揭陀國王的建議下，佛教才開始這一儀式的。），由全體成員集體逐條背誦，並形成一種固定的儀式。這些紀律條文分成八大部分：第一部分為發問，即提出與制定戒律相關的問題；第二部分是引子，為戒律條文前面的鋪陳性內容；第三部分陳述有關根本罪的內容；第四部分是應該處以暫時逐出僧團的罪過（相當於留團查看的處分）；第五部分是方便罪；第六部分是處以永遠開除僧團的罪過；第七部分是可以通過懺悔得到寬赦的罪過（九十六種較輕的罪過）；最後部分是要求進行懺悔的罪過（大概有四種）（《見《佛教》〈法〉亨利・阿爾馮著》。我們知道當時的經典和戒律沒有文本記載，都是通過口耳相傳、背誦記憶的。所以經常集體背誦，有利於複習這些內容和及時更正記憶上的錯誤，更有時時警策個人的作用。

齋日裏還會有一項重大的工作，就是對那些犯戒的比丘或比丘尼進行適度的教育和輔導。這些犯戒者首先在全體僧眾面前進行自我批評，並對自己起心動念的過程進行深刻地剖析，以求得大家的諒解。當然情節嚴重的也會受到開除僧籍，或留團查看的處分，其中有些原則性的罪錯（殺人、偷盜、邪淫、妄語這四項罪過將被開除僧籍，飲酒則不包括在內，因為飲酒沒有直接的犯罪行為，但它可能引起犯罪，所以會受到較輕的處罰）會受到最嚴重的處罰，也就是立即無條件地被開除僧團，不過那是非常少見的。大多數人是會通過當眾以事論事的懺悔，放下包袱，僧團對其以往的過失便一筆勾銷。這樣一來僧團內部因對這些犯戒的特例進行了公開而適度的教育，更大限度地警醒全體成員，使僧團保持相對的純潔。（《印度佛教史》英・渥德爾著）

《六尊者像》局部 絹本設色
唐 盧稜伽繪

辯論是一種智慧

在教義與戒律方面，釋迦牟尼是鼓勵大家合理地進行辯論的。他認為辯論能有助於達到統一思想的目的，其實這種合理的辯論在釋迦牟尼四十九年的傳法生活中，可能是一種常見的方法，因為他反對弟子們對他本人盲目地崇拜和對他教義的非理性接受。他曾告誡他的弟子們：

「不要相信只憑聽說的任何事物。不要相信那些世世代代流傳下來的傳統。不要因為眾人都這麼說，而相信它。不要因為經典上的記載而相信它。不要相信權威、導師或長輩的教導。當你經過觀察和分析後，認為事物與原則一致，並有助於個人與大家的善行與利益，才接受和

實行。」（佛陀法語 摘自《真理的寶藏法句經》維拉哥達．薩拉達）

可見釋迦牟尼從來沒有強迫他的弟子按照他的思想行事，相反他要求他的弟子們理智地對待一切說教，包括權威及導師們的教導，這裏面當然也包括了他個人及其他的教法。他更加鼓勵弟子們以嚴肅的心態，認真地分析和細緻地觀察，事物與原則是否一致。事物與原則是指表面現象與背後的規律，前者是感性認識，後者是理智分析。正因為釋迦牟尼本人一直以來，對這方面的重視與研究，成為他最終洞徹真理的必經之路。所以他非常希望他的弟子們能像他一樣走出一條理智求證之路，而不是僅僅成為他教法的簡單信徒。正如那爛陀長老所說：「他沒有迫使其信徒，成為他教導和他本人的隸屬，而是給與他們充分自由的思想，勸告他們不要僅僅因為尊敬他而接受他的教導，而應徹底地加以檢驗。」（《佛陀於佛法》第三章 那爛陀長老著 釋學愚譯）他的教法，是可以拿出來供大家討論、研究甚至是辯論的。因此，後期佛經中那些釋迦牟尼一邊倒的說法記載，未必是歷史的真實再現。但是，這並不表明他鼓勵缺少理智的爭辯。

釋迦牟尼在僑賞彌時，僧團內部有兩派人，因為戒律中的一些內容，相互爭論起來，氣氛激烈，難以平息，爭論雙方甚至拳腳相加。有一位比丘請釋迦牟尼出面調解，釋迦牟尼出面勸他們停止爭論，但並沒有使爭論停止，相互爭論的比丘們甚至拒絕他的調解，他再三勸告沒有奏效，於是起身離開。

第二天一早，他準備離開這裏，到其他地方去。臨行前，誦了一段長長的偈子：

爭吵之聲同時起，無人覺得自己蠢；
僧團由此陷分裂，無人覺得有責任。
他們忘卻智慧語，自作聰明耍嘴皮；
只是張口想說話，不知為何這麼說。
「他罵我，他打我，他欺我，他奪我！」
人們互相懷敵意，仇恨永遠難平息。
「他罵我，他打我，他欺我，他奪我！」
若不這樣懷敵意，仇恨肯定能平息。
若似仇恨對仇恨，世界永遠不安寧；
古老法則已昭示，互不仇恨得安寧。
儘管有人不認識：「我們應該受約束。」
仍然有人能認識，爭吵由此得平息。

偷牛偷馬偷財物，強盜土匪結成幫；
他們尚且能合作，我們為何不團結？
如果你有好同伴，聰明可靠能相處，
你就與他同伴行，跨越艱難和險阻。
如果你無好同伴，聰明可靠能相處，
你就獨行似大象，猶如王國已淪陷。
寧可一人獨自行，不與傻瓜結成伴；
林中大象獨自行，不爭不奪不作惡。

（《律藏・大品》、《中尼迦耶》第一二八《隨煩惱經》資料來源《佛陀和原始佛教思想》第二章・第七節：傳播佛法 郭良鋆著）

大概的意思是這樣的：「爭吵的時候，沒有人會覺得自己很愚蠢，如果因此導致僧團的分裂，也不會有人覺得是自己的責任。他們忘記了使用智慧的語言，完全是在耍嘴皮子。只是知道張嘴說話，但不知道為什麼要這樣說。變成了相互辱罵你來我往，這樣相互懷有敵意，仇恨永遠難以平息。如果以仇恨對待仇恨，世界就永無安寧之日。古老的法則告訴我們，相互之間沒有仇恨，才能得到心靈的安寧。強盜與土匪們尚且能夠合作，我們為什麼就不能？……。」偈子中，強調了「自我約束」是平息爭端的的最好辦法。結尾還為那些為爭吵而煩惱的人，指出了一條「獨善其身」的路：如果你覺得同伴是傻瓜不足與謀，那麼你也可以像林中的大象一樣去特立獨行，走自己的路，這實為一種智慧而善巧的勸說。從經中的記載我們可以得知，至少在當時，這些苦口婆心地勸告，並沒有受到爭論雙方的重視，這位導師必須採取退出的方式使雙方逐漸冷靜下來。這樣過了一段時間，爭論漸漸平息後，釋迦牟尼才回到這裏。

由此看來，他不是一位激烈的爭論者，也不願意他的弟子們採取這種方式。遇到這種境況，他一般會採取「冷處理」的方法，而絕不會以權威的姿態輕易批評任何一方。

其實釋迦牟尼對於那些反對他的外道們，也同樣採用這種平和的心態。他喜歡用智慧去折服對方，而不是用激烈的語言。他是他所教導的「中道」的典型樣板，但這並不妨礙他毫不留情地提出非常尖銳的問題。他的方法不是發表長長大篇的演講，而是盡量適應他所說服的對象。態度非常真誠而且富於禮貌，但從不裝腔作勢。他很注意不去駁斥對方的理論和實踐

《十六羅漢》之第二尊者 南宋 趙瓊 立軸 絹本設色

傳說畫中的這位羅漢，也是佛陀的一位弟子，是當時頗有名氣的辯論家。

方法，而是順著對方的觀點，用結論和答案給予修正，以引導對方靠近真理。（《印度佛教史》英・渥德爾）這種理智的態度，使他常常在辯論中取得勝利，一些外道導師，當場放棄自己的學說，皈依到他門下的記載，比比皆是。

值得注意的是，釋迦牟尼對於其他外道，除了與他們不定期地進行辯論與交流外，同時還採取平等相待的態度。當時的印度，政治環境非常複雜，又是文化思潮強烈激蕩的時代。各家各派的思想有如我們春秋戰國時期的諸子百家，思想的多樣化，導致各家的觀點五花八門，很難統一，有時甚至是完全相反。他們之間相互詰難，爭論不休。此時的各國統治者，也都是莫衷一是，他們一般不會只信奉一種學說，多半都是幾種學說一起信奉，但此時他們的重點都集中在與婆羅門教相對立的沙門思想中。其實佛教徒兼有多種信仰的狀態，不僅在印度，後來在中國也同樣存在。比如後世中國的佛教信徒，特別是在家信徒，大多存在這種信仰雜糅的問題。他們往往對佛教有好感，但同時對黃老、孔孟（這裏的黃老、孔孟是指被宗教化了的信仰）信仰也統統接受，甚至熱衷於其他宗教的禮拜、祭祀等活動，只是盡量躲開那些具有殺生嫌疑的血祭活動而已。「這可能與佛教僧團在一開始就極力避免建立一種權威的組織構架和等級森嚴的集中教權有關。這樣極易造成僧團與社會信徒之間的分離，而使在家信徒缺少歸屬感，他們既可能將其他宗教的信仰納入佛教，也可能使自己成為其他宗教的信徒」。（摘自《佛教》

〈法〉亨利．阿爾馮著）

跋耆國有一位握有實權的將軍，一直信奉耆那教，而且是耆那教的一位大施主。後來佛教僧團來到這裏，他就慕名前去拜訪釋迦牟尼，並被他的學說打動，當場皈依佛門，做了一位佛教居士。事情到此應該算是很圓滿，佛教就此又多了一位有地位的大護法。但是釋迦牟尼知道這位將軍原是定期給耆那教大量錢財佈施的。因此勸他不要因為信奉了佛教，就停止針對耆那教的佈施，並且鼓勵他按照原先的計畫長期堅持下去。用我們現在的話講就是，我們希望有吃飯的權利，同時也不會因為自身要吃飯而剝奪其他人吃飯的權利。這絕不是所有宗教領袖都能夠做得到的事情。（《印度佛教史》英．渥德爾）

導師的魅力

所以，從以上的一些事情裏，我們看不到釋迦牟尼有喜歡強加於人的大師派頭，也從來沒有因為他是真理的擁有者，而詆毀貶低別人的信仰，甚至不惜一切地消滅他們，更沒有裝出一副嚇人的樣子，恐嚇要脅迫使別人信仰自己。相反他從來都是以理服人，用他平實的語言，和他究竟圓滿的教義使更多的人皈向於他。這也許就是他作為佛陀的魅力所在，但真正的魅力遠不止於此。

有一天，釋迦牟尼帶著弟子阿難，在僧團的駐地散步。突然見到一位重病的比丘躺在汙穢的糞堆裏，旁邊沒有一個人。釋迦牟尼馬上走到身邊問他：「比丘，你患了什麼病？」答曰：「弟子腸胃不適，釋尊（弟子對釋迦牟尼的另一種稱呼，即釋迦族的尊者。）。」釋迦牟尼繼續問：「為什麼沒有人照顧你呢？」答曰：「因為弟子從沒效勞過其他的比丘，所以大家就不扶持我。」照我們現在看，這位比丘可能患上了毒性痢疾。這種病傳染性很強，與其說是因為他平常不效勞別人，所以現在沒人效勞他，倒不如說，照顧這位比丘，會有被傳染的危險，所以大家全都遠離他。其實這件事情處理起來，並不是很難，把大家集合起來，開個現場會，作一番道德說教，煥發一下大家的同情心，眾人動手，幾分鐘就可以解救這位比丘於糞穢中。但釋迦牟尼沒有這樣做，他吩咐阿難取來水，師徒二人一同幫這位比丘洗了澡，把他抬到乾淨的床上。然後釋迦牟尼召開全體僧人大會，問他們說：「大家知道有一位比丘得了重病嗎？」回答是：「有呀，長老！」「那麼大家知道他患了什麼病？」「腸胃病，長老！」釋迦牟尼繼續問道：「為什麼沒有人照顧他呢？」答曰：「因為他從來不關照我們大家，所以大家也就不管他了！」這顯然是令人生氣的事，大家的回答又是那麼振振有辭。但釋迦牟尼卻沒有批評任何人，簡單而居高臨下的批評，總會招來不滿，更何況事情都有前因後果。釋迦牟尼對於弟子們總是溫文爾雅，從不大聲喝斥，即使他有這個喝罵眾人的威望和權柄，相反他講了一番中肯而耐人尋味的話。他說：「比丘們，你們都是離開家的人，沒有父母照顧，如果不養成相互扶持的美德，將來又有誰來照看你們呢？你們大家如果願意服侍我，也就應該照看患病的人……！」沒有大聲的喝罵，沒有冠冕堂皇的說教，也沒有繁複的哲理，然而因果的關係卻清楚地昭示給每一個人。所以釋迦

西藏脫模泥佛像

牟尼不是一位談玄說妙的人，相反他很務實，談道德絕不會離開現實生活。

我們前面曾經提到，比丘尼僧團的建立是緣於釋迦牟尼的養母帶領一群釋迦族的女人要求加入佛教僧團的事件。這一事件應該發生於釋迦牟尼傳教生活的中晚期。在這之前我們注意到佛教僧團都是清一色的男性比丘，而從來沒有女性出家的記載。我們知道釋迦牟尼最初是極力反對女性出家的，為此事，他曾非常為難，因為出家人是遠離女性的，現在僧團中有女性的加入，顯然會給局外的人造成很多誤解。這是釋迦牟尼所擔心的，但後來還是勉強答應了。女性的脆弱、愛美、散漫等天性，都會帶來不同的問題。考慮到這些因素，他將女性單獨組成一個僧團，稱作比丘尼僧團，由她們自己來管理，但在原有的比丘戒律的基礎上，增加了許多具有

約束力的條文，形成比丘尼的戒律，並把她們置於比丘僧團的從屬地位，以便更多地加以指導。這在當時的歷史條件下確實是必要的，但是女性出家確實是當時整個社會環境下佛教僧團所獨有。也有記載說當時一起出家的還有羅睺羅的母親，也就是釋迦牟尼作王子時的妻子耶輸陀羅等，我們不去做過多的考證。

到現在為止，佛教的僧團中，有來自社會各階層的人，四種姓的人都有。釋迦牟尼盡自己的力量在僧團中進行四姓平等的教化，無論哪種等級的人在僧團中都會受到同樣的尊重。他對弟子說：「正如所有的大河，最終都將匯入大海一樣，放棄自己的身分和名稱，都叫作大海。四種姓也將按照如來宣示的法和律離家稱為比丘，放棄他們原來的種姓和名字，被叫作比丘、釋子（這是一個被漢譯的詞，意為釋迦的弟子）。」（《律藏．小品》第九章）所以僧團中只有修行成果的大小，沒有出身的高下。這樣一來很多種姓低下的出家者，後來因此成為長老和大成就者，而受到人們的景仰。他們中間有理髮匠出身的優波離；有賤民出身的須泥多；還有漁夫和牧人的兒子。可以想像，釋迦牟尼在他的僧團內部打破印度自古根深蒂固的種姓制度，已是一件非常不容易的事情。這首先需要他自己說教上的圓融，同時還要能夠使他的弟子們堅信這種被傳承了千年的社會符號是荒謬的。如果說地位低下的人向地位較高的人看齊，需要的只是一點自信的話。那麼原本地位很高的人，讓他們與低下的人，甚至是不可接觸者去拍肩膀、稱兄弟，可就不是「丟面子」那麼簡單了。但是令我們不可思議的是，這一切卻在這位人間導師「眾生平等」的大旗下無聲無息地變成了現實。這就是改造，就是革命！他不是佛陀，誰是佛陀？相比之下，那些「召喚天地」、「動地放光」，亦真亦幻的所謂「神通神變」，裝飾在這位偉大佛陀背後的光環上，則顯得那樣多餘和幼稚。因為這樣一位偉人，即使經歷了兩千五百多年，他思想的光輝仍然絢爛奪目，難道還需要對他進行任何「神化」嗎？

釋迦牟尼在自己可控的範圍內實現著平等的理想，但他的力量並不足以去變革整個社會，他的「中道」理念使他成為社會變革溫柔的建議者，而不是狂熱的革命者。他深知整個社會徹底接受四姓平等的主張，絕不是這個歷史時期可以做到的。因為我們知道兩千五百多年後的今天，種姓制度在印度的部分地區，仍然大行其道。

《羅漢圖》局部 元 佚名 長卷 紙本 水墨

畫中的沙門，應「龍王」之請，正在為他作法事，從這位沙門右手高高擎起的法器（鈴）來看，他很可能是一位密宗法師，這與元代宮廷們崇尚密教有很大的關係，化作人形的「龍王」，上半截身體露出水面，手捧一個淨瓶，虔誠地看著上師為其施法，另一位上了年紀的沙門，則倚著邛杖靜靜地坐在一旁，這是一幅生動而精采的作品。

釋迦牟尼認識到這種制度的危害，第一次在他的說教中，將個人行為與種姓地位掛起鉤來，使得信奉他學說的人不再相信種姓是完全取決於出生、世襲與血緣。他告誡那些上等種姓的人，行為的高尚與卑鄙可以導致未來（未來生、未來世）種姓地位的高下，換句話說就是，如果你想在未來成為婆羅門，你就要有高尚的行為；你的行為卑賤，將來就不會成為婆羅門，而成為低下的種姓。相反一個種姓低下的人，只要你追求高尚的行為，未來就會成為高尚的種姓。（《集經》第三品《大品》第九章《婆塞特經》）他還告訴人們，樹、草、動物有類別上的區別，不能被看作是一個種類。但是人卻都是由母親懷孕而生，不能因為他們職業上的不同，而認為他們是不同的種類。無論哪種種姓，都可以通過修行，斷除煩惱獲得解脫（《中阿含經》卷三十七，一五一經）。這種新的學說使很多人理解了個人行為的不同，將導致個人地位的差異，不再相信婆羅門所說上帝意志導致四種姓的學說。這對社會風氣的改造到了很大作用。

這種對於種姓制度的挑戰是溫和的，因為他的目的是改造人心，而絕不是破壞社會架構。所以，釋迦牟尼無心於政治上的經營，相反地他盡量使自己的僧團與社會和諧相處，在與外部接觸的過程中，盡量遵守社會的法律和公認的規則。因此他的僧團不是社會政治的避難所，相反地他會制定一些適應當時社會的條律，（《律藏．大品》資料來源：《佛陀和原始佛教思想》郭良鋆著）以減少或避免與社會發生衝突。當時的印度，奴隸是隸屬於高級種姓的私家財產，沒有獨立的人格和自由的身分，所以，佛教僧團是不接受這類人自行出家的。當然也有特例，高級種姓出家時，帶著他們的奴隸一起出家，是被認為可以接受的，一旦進入僧團後，就不再有主僕之分，地位一律平等，比如，首陀羅出身的優波離就是跟隨那些剎帝利種姓的「王子」們一起出家的。此外，那些負債者、逃兵、及各類罪犯，則被嚴格禁止進入僧團。

談玄說妙不是道

釋迦牟尼是一位實踐者，他喜歡弟子們像他一樣，去實踐他的解脫之法，而盡量避免那些與解脫實踐沒有關係的玄談。當時沙門與婆羅門的很多學者們都喜歡對一些神秘問題和一些帶有邏輯思辯的形而上問題進行各種辯論。在這些問題上大家往往各執己見、互不相讓，這種玄談之風在當時非常盛行。但面對這些問題，釋迦牟尼往往採取沉默的態度不予作答。

在一個傍晚，釋迦牟尼的一位弟子對於導師一直拒絕回答這類問題感到不滿，並提出如果這類問題得不到解答，他將停止佛法的修習。他提出的問題大概可以歸納為三條，其一、世界（宇宙）是有常（恆久）還是無常？是有底（邊際）還是無底？這實際上是圍繞宇宙存在的時間與空間是否有限提出的；其二、身與命是一還是異？也就是說肉體與精神是合一的還是分離的？其三、如來（佛）死後是存在還是不存在？與其他沙門、婆羅門不同，釋迦牟尼並沒有對這些問題談玄說妙大發議論。他為此給弟子們講述了一個中箭的譬喻：一個人被毒箭射中，當醫生要為他拔出毒箭時，中箭者卻提出必須先要了解是誰向他射的箭？箭是什麼樣的？由什麼材料製成？但還沒搞清這些問題前，中箭人就會死去。（《中阿含經》第二二一〈箭喻經〉）

針對這類問題，釋迦牟尼一生中從沒有給予過肯定或否定的回答。因為他不願意看到他的那些本來心平氣和的弟子們，因為沉溺於這些玄想和爭論中，而影響了自身的解脫實踐。他告訴這位弟子，梵行與這些問題沒有關係，因為我們面對的是生、老、病、死、憂愁、哀傷、痛苦、煩惱和不安。他認為他對世界是否永恆等問題不予回答的原因，是因為這些問題沒有意義，無助於梵行「無助於厭世、離欲、滅寂、平靜、通慧、正覺和涅槃」，所以他不會對這類問題加以說明。相反他會對苦、集、滅、道這類有助於人們實現厭世、離欲、滅寂、平靜、通慧、正覺和涅槃的問題進行解答。（《中阿含經》第二二一〈箭喻經〉）

另一處經典記載了釋迦牟尼對於類似問題的答覆，有一次，一位弟子問道：「我死後是否將持久穩定，永恆不變，永久存在？」釋迦牟尼的回答則用了兩個假設的問句：「如果接受有我說（我永恆存在），悲哀、煩惱、痛苦和沮喪就不再出現，那麼你們就可以接受有我說。但是你們發現接受了有我說，悲哀、煩惱、痛苦和沮喪就不再出現了嗎？」大家對這一問題都予以否定。他繼續問大家：「即使真的有『我』或『我的』，那也是不可琢磨的。因此，所謂『這個世界，這個我，在我死後，我將持續穩定，永恆不變，永遠存在』這種見解難道不是完全荒

謬的嗎？」。（《中阿含經》第二〇〇〈阿梨吒經〉）

在另一處我們可以見到釋迦牟尼有意避開當時兩種極端的見解，而保持沉默的記載。有一位出家人向釋迦牟尼問到「有我」與「無我」的問題時，他保持了特有的沉默。那人離開後，阿難不解地問導師為何不予回答？釋迦牟尼回答說：「如果我回答『有我』那我就站在持『有常說』的婆羅門一邊了。」「如果我回答『沒有我』那我就站在持『斷滅說』的沙門一邊了。」「再者，我如果回答『有我』那我的回答符合『一切法無我』的知識嗎？（一切法無我，也稱「諸法無我」，是釋迦牟尼曾經對弟子們宣說的內容？）」「如果我回答『沒有我』那將使他更加困惑，他會說『原先還有我，現在不再有我了？』」。（《雜尼迦耶》第四十四〈無記說集〉）確實，這些問題的中心，都集中在有「我」與無「我」上。釋迦牟尼傳法之初，就已經明確地談到了諸法無「我」的問題（佛教初期宣說的三法印談道：諸行無常；諸法無我；涅槃寂靜。已經明確否定了「我」的存在），這個無「我」，並不是否認「我」的一時存在，而是否定一個常「我」，也就是不滅的「我」，換句話說就是「靈魂」。以他的緣起論來

十六羅漢圖（局部）元 佚名 軸 絹本設色

這位看上去足有兩百歲的老羅漢，雙手合十，虔誠地目光中似乎充滿了求知的好奇心，或許他也有一些無法解開的人生謎團，要向他的導師尋求答案？

說，不光無「我」，就連承載世界的宇宙，也同樣是「無」。同理，這個「無」也並非無視宇宙的存在，而完全是因為它的無常和變易，導致它不可能有永恆的狀態。如果「生」可以稱作「有」，那麼「滅」則可稱為「無」。釋迦牟尼以他特有的智慧洞察到「生」、「滅」現象不是宇宙萬物的實相，只有不生不滅才是實相。但這種實相，並不像說「有」說「空」那麼簡單，很容易給人造成歧義，引起永無休止的辯難和詰問。事實證明，在實證科學高度發達的今天，有關這類問題仍然沒有找到令人信服的答案。各種科學猜想與哲學思辯的結果，與兩千多年前一樣停留在是與否兩個極端，但佛教的緣起論反而更接近已知的科學原則。這樣看來釋迦牟尼的沉默倒是令我們深思。如同美國現代物理學家（被稱為原子彈之父），羅伯特．奧本海默（J. Robert Oppenheimer）所說：「如果問電子的位置是否不變？我們肯定會說：『不』；如果問電子的位置是否隨時間而改變？我們肯定會說：『不』；如果問電子是否運動？我們肯定會說：『不』。當有人詢問佛陀有關人死後的靈魂問題時，佛也同樣給以否定的回答，但這些不是十七、十八世紀傳統科學所通曉的回答方式。」（《世界名人談佛陀》〈斯里蘭卡〉達摩難陀編著 成建華譯）

但是，有一個問題，是我們無論如何都無法迴避的。佛法雖然否定了「我」（肉體、精神、靈魂）的實在性，但其學說中卻肯定了「輪迴」的存在。這非常令人費解，很多人也會借用這個問題向佛教發難。與佛教同時期的耆那教也接受輪迴學說，但他們旗幟鮮明的承認「靈魂」的存在，婆羅門教更是如此。（《佛陀與原始佛教思想》第三章〈六、無我說〉郭良鋆著）前面兩家都承認「靈魂」是導致「輪迴」的主體，但佛教的輪迴主體又是什麼呢？經過研究我們發現，這一點在初期佛教中沒有做過明確的解釋。很多人因此會誤解釋迦牟尼是一位最終相信「靈魂」的人，所以在人們問到有關問題時，便採取沉默或者閃爍其辭的方式予以迴避。這個問題在後期大乘學派的思想中，似乎有了答案，認為「識」是輪迴的種子，名為「阿賴耶」，並將其安立在「七識（眼識、耳識、鼻識、舌識、身識、意識、末那識）」之後稱為第「八識」。按照這種學說，人死之後前七識隨著肉體逐漸消失，唯有「阿賴耶識」被保留下來，成為未來轉生的種子，當然這一學說比較靠後，是唯識學派的觀點。但就其「種子識」阿賴耶來說，很難使人將它與靈魂學說劃清界限。其實深入了解釋迦牟尼初期學說之後，我們便會發現，佛教的「輪迴」思想中沒有任何類似靈魂的觀念，所以說釋迦牟尼反對「靈魂」學說是完全有依據的。

坐佛局部 北魏 麥積山石窟

這是北魏佛教造像的普遍特徵，印度、西域式稍短的臉型再一次被拉長，形體清瘦修長，面部的塑造，幾乎完全擺脫了希臘雕塑的影響，更加接近黃色人種的特點。

據記載，曾經有一位比丘認為「識」（十二姻緣中由「無明」引起輪迴的第一個步驟就是「識」）是「轉移、輪迴、獨立不變（對應的漢譯《中阿含經．嗏帝經》中也譯作：「此識往生不更異」）。也就是說在他看來「識」是輪迴轉生的獨立不變的主體，所謂不變，也含有「不滅」的意思（其實這在後期大乘經典中是完全講得通的）。但當時釋迦牟尼卻馬上反問道：「這個『識』是什麼？」比丘答道：「這個識就是感受，隨時隨地感受善、惡業報。」經中記載釋迦牟尼聽到這位比丘的話顯然很生氣，他用帶著點訓斥的口氣說：「傻瓜啊！我對誰說過這種法嗎？我不是一再說『識』因緣起。無緣則無『識』嗎？」（《中尼迦耶》第三十八《愛盡大經》對應漢譯《中阿含經．嗏帝經》）這句話非常明確地闡明，「識」也無法逃避緣生緣滅的規律。釋迦牟尼曾經明確地表示：「如果有人說『不管色、不管受、不管想、不管行，我將顯示識的來、去、消失、產生、成長、增進或發展』，那是無知妄說。」（《雜尼迦耶》第二十二〈蘊集〉）換句話說如果有人認為人死了以後，五蘊中的四蘊全部因緣而滅，唯獨有一個「識」可以獨立地存在並做各種各樣的「功」（包括來、去、消失、產生、成長、增進或發展等），那這個人對佛法不僅完全無知，而且是胡說八道。因為釋迦牟尼認為只有色、受、想、行、識，五蘊和合才有人的出現。此外，其中任何一蘊都不可能逃避「無常」的規律，獨立、永恆而不滅。一旦了解了這些，我們也就不會對釋迦牟尼的「無我」學說產生懷疑了，我們甚至完全可以這樣認為：釋迦牟尼及其原始佛教對於「無我」的論說是非常徹底而明確的。

但是這一學說在佛教發展的過程中隨著時代的變化，很可能產生了變易，以至逐漸失去了原有的面目。所以我們說在原始佛教時期，釋迦牟尼所宣說的教法裏面，沒有任何靈魂學說的影子，這一點不僅包含了所有的眾生，也包括了他本人。正如斯里蘭卡佛教大師那爛陀長老所說「他（釋迦牟尼）沒有留下任何餘地使人們誤認為他是永恆者」，（《佛陀於佛法》第三章：佛那爛陀長老著 釋學愚譯）所以他告誡弟子們，非理智的祭祀與祈禱是完全無效的。由此看來後期佛教中，信徒們試圖通過對釋迦牟尼的各種禮拜與祈禱，得到某種庇護或福祇的做法，實在不能被理解成為釋迦牟尼及其佛教原始的初衷。

六道輪迴圖 大足石刻 南宋

一個面目猙獰的惡魔，胸前捧著一個表示六道輪迴的轉盤，這個惡魔就是佛教所說的「無常」。

陸、埋在地下的記憶

孔雀家族走向輝煌

釋迦牟尼生前，盡量鼓勵他的弟子們到各地宣說他的教法，他的方法非常靈活，他從不強迫弟子使用所謂高貴的語言，相反地他更鼓勵他們使用各種方言俚語傳播佛法，使之更加貼近各種民族和大眾。即使是這樣，佛教一直以來仍然不是一種世俗化的宗教。然而二百多年後，孔雀王朝的皇帝阿育王卻受到釋迦牟尼思想的感化，利用他手中的皇權，不僅在全印度將佛教變成世俗化的道德教化，還將它變成替代武力，征服世界的「正法」。

阿育王的一生，充滿傳奇色彩。然而，若不是因為十九世紀英國人在印度的一次考古挖掘，把一段塵封的歷史再一次呈現在印度人的面前，此前的數個世紀裏，他們似乎徹底忘記了歷史上那個足以使他們感到驕傲的偉大王朝，和那位在歐、亞人心中幾乎被奉若神靈的帝王。

阿育王，這個佛教經典中響噹噹的名字，似乎與佛教永遠脫不了干係。這個自稱「眾神寵愛的人」，在佛教信徒的眼裏，就是一位千古難見的「轉輪聖王」。因為他的王朝在他的手中，第一次實現了南亞次大陸眾多地區的大一統。然而這一切都要歸功於這位帝王一生中，有不停地建造刻有他各種法敕石柱的嗜好。這為缺少歷史記憶的印度人，留下了不可多得的歷史資料。

西元前二六九年的某一天，孔雀王朝的首都華氏城大城內的廣場上異常熱鬧，王公大臣、皇親國戚密密麻麻站了一片，各行各業行會（古印度人，比較重視商業，他們在兩千多年前的佛陀時代，或者更早的時候，就有各種商業行會的組織存在，這些行會的負責人被稱作長老。）的長老及其社會各階層的代表都按預先安排的位置分站各處，他們表情肅穆，不苟言笑。身著甲冑的御林侍衛，手執金戈分立四面。

一陣鼓樂齊鳴後，遠處一輛超大的象車徐徐開近，巨大的傘蓋下，一身戎裝的年輕皇帝在一大群侍者們的前呼後擁下，面帶微笑俯視著他的臣民。他就是今天灌頂大典的主角。

這位新皇帝就是著名的阿育王，新皇駕到，廣場上響起了大眾的歡呼聲。一位國師手捧淨瓶，走近阿育王，在向他進行了一番短暫的祝福後，用孔雀翎沾了淨瓶中的水，一點點地撒在他的身上。廣場上燃起熊熊的聖火，婆羅門祭祀們開始了他們隆重的獻祭儀式，隨後冗長的頌歌與禱告以誦經的方式展開。

阿育王是孔雀王朝的第三代國王，他從祖父和父親手裏繼承了一個印度有史以來最巨大的國家，他的王國能夠如此強盛，不能不讓人聯想到他的祖父，孔雀王朝的開國之君旃陀羅掘多王。

這位旃陀羅掘多出生微賤，他的母親是一位飼養孔雀的賤民，傳說有一次，她偶然被當時的難陀國王「寵幸」了一次，懷孕生下了旃陀羅掘多，由於種姓上的差異，這位王子必然要遠離宮廷，他是在孔雀馴養者、牧人、獵人中長大。

年輕的時候，他就是一位膽識過人的冒險家。據說還在他童年時，曾在旁遮普遇見當時的佔領者，馬其頓國王亞歷山大，小小年紀竟然不知高低地用惡語衝撞這位不可一世的大帝，亞歷山大盛怒之下下令將其處死，該著他命大，在羈押中，看守一個偶然的失誤，竟使他僥倖逃脫，由此躲過了一場殺身之禍。也許這個僥倖逃脫的孩子，並沒有給亞歷山大留下太多印象，更沒有影響到他任何的決策與戰略，但是日後的希臘人，卻為這一錯誤付出了巨大的代價。

據說正是與亞歷山大這次偶然的遭遇，他突然覺得自己身上有一種帝王之氣。在逃亡的過程中，偶然結識了一位叫做考提利亞的婆羅門，兩人一見如故，談得異常投機。之後，考提利亞竟然拋棄家產、住所來陪伴他，他們相互敬佩，成為志同道合的朋友。後來考提利亞偶然得到了一筆深埋地下的財富，但他並沒有因此而沉溺於富貴，而是與旃陀羅掘多一起精心規劃著他們的野心，這對未來的君臣，開始了他們政治上的苦心經營。

他們用這筆財富作了一項看似荒唐，但卻足以改變他們未來命運的投資，在考提利亞的幫助下，他招募了一支能征慣戰的雇傭軍（有說綠林豪傑），此後他們揭竿而起開始利用國民對希臘人擴張的不滿情緒，號召人們抗擊希臘人的侵略，並主動打響征伐希臘人的戰爭，在取得小規模勝利的同時，他們開始向腐敗的統治者難陀王朝發難。

考提利亞是一位足智多謀的婆羅門，他有一套治國安邦的主張，據說他曾有一部著作流傳於世，內容涉及到財政、外交、軍事、還有御人之術。特別值得一提的是，這位考提利亞竟然有一套建立特務組織主張，還有構建與駕馭這種組織的理論和方法。這直接影響到後來的孔雀王朝，一直到阿育王時期，特務組織一直在有效地運作著。他大概是看中了這位旃陀羅掘多是一位有帝王之相的人物，所以決定死心塌地地輔佐他，再加上旃陀羅掘多本人過人的膽識，難陀王朝，很快就被他們徹底埋葬。

西元前三二四年（東周顯王二十四年），旃陀羅掘多在萬民景仰的目光中，登上了王位。我們注意到一百零三年後，這個王朝東北部的鄰居，有一位叫做嬴政的帝王，也創立了中國歷史上第一個統一的強大王朝——大秦帝國，這兩個前後創建相差一百多年的王朝，標誌著王權政治在南亞和東亞地區的開始。

建立孔雀王朝後，旃陀羅掘多沒有忘記昔日險些喪命的屈辱，又開始了與亞歷山大的一位繼承者塞琉古的大規模戰爭。此時亞歷山大大帝已經作古，這位塞琉古，乘印度北部內戰之機，向東擴張，佔領了大面積的土地。正在他做著建立霸業，作第二個歐亞大帝美夢的時候，旃陀羅掘多已經騰出手來，開始毫不客氣地收拾他了。在孔雀王朝強大的軍事打擊下，這些昔日稱霸歐亞的希臘雄師，被迫屈服。為了盡快結束戰爭，野心勃勃的塞琉古只能以放棄包括現在阿富汗喀布爾和砍大哈以東的大片土地作為代價。為了求得和平，塞琉古本人也不得不以嫁女和親的方式向孔雀王朝示好，得到的回報就是其親家孔雀王朝皇帝賞賜給他的五百頭大象。用這些大象組成的軍隊，使他成功的擊敗了他的希臘對手，成為那一地區實際的霸主。

歷史上雄才大略的帝王，往往都有一些被人難以接受的怪僻，這位旃陀羅掘多王，雖然膽略過人，但性情異常粗暴。他喜歡用酷刑折磨他的反對者或他不喜歡的人，以顯示自己至高無上的權利。據說他津津樂道地制定各種刑法、發明種種刑具，並以此為樂。然而，他的生活卻一直動盪不安。

為了保證自己的安全，他擁有一支規模不小的私人衛隊，有趣的是，這支衛隊的成員都是清一色的女性。她們是被精心挑選出來的，無論他走到哪裏，這些人高馬大訓練有素的「鐵娘子」們都會不離左右。這在當時女性地位極其低下的印度，可以說是一項創舉。不用說這一定是那位謀臣考提利亞的謀略，因為女性的地位低下，使得她們不容易滋生推翻皇帝的野心。他有很多藏在暗中的敵人，時刻都想找機會致他於死地，為了躲避暗殺，貴為天子的他，不得不頻頻更換就寢的場所，絕不在同一地點連宿兩夜，真可謂惶惶不可終日。（《高級印度史》第七

章：孔雀帝國印度R．C．馬宗達等著）

晚年的他，似乎已經厭煩了這種游擊戰似的生活，開始接近耆那教。我們曾經提到過，耆那教與佛教都是沙門運動的產物。其實耆那教與佛教有頗多的相似之處，甚至包括佛陀、大雄、阿羅漢、牟尼、世尊等都是他們共用的辭彙，只是兩教對於這些用詞的內涵與外延有所不同。他們之間最大的不同點，就是佛教講「中道」，而耆那教堅持嚴厲的「苦行」。因為耆那教認為通過各種苦行，可以克服肉體的欲望與本能對心的束縛，使內心達到絕對自由。所以通過苦行使身體的能量降低，欲望就會減弱。耆那教的教主稱作大雄。大雄（又稱耆那，意為「勝利者」）是吠舍離城一個剎帝利部族首領的兒子，該城是比哈爾邦北部維德哈王國的首都。（《人類與大地母親》第三十三章　印度文明（約西元前六〇〇—前二〇〇年）阿諾德．湯因比著　徐波　徐鈞堯　龔曉莊　等譯　馬小軍校）據佛經記載他比釋迦牟尼年齡大一些。他完全接受婆羅門有關種姓制度的說法，這一點與佛教也存在根本的分歧。因為耆那教有善於與意識形態保持一致的特點，所以經歷了二千五百多年，至今還在印度存在著，雖然它從來沒有形成過像佛教那樣龐大的團體，但生命力卻很強。據說耆那教的戒律非常嚴格，強調捨棄一切，除了斷食等還有不穿衣物的戒律（所謂天衣派），這可比穿著糞掃衣的嚴戒更徹底。

據說，這位孔雀帝國的開國之君，被耆那教的教義所折服，決定在晚年放棄皇權開始他追求最終解脫的理想，與其他人一起出家過漫遊生活。據說他非常嚴格地修習耆那教的各種苦行，後來因絕食死在南方的麥素爾。（《高級印度史》第七章：孔雀帝國 印度R．C．馬宗達等著）

而後繼位的頻頭娑羅王，就是阿育王的父親。他繼續實行對外擴張的政策，同時在國內不停地鎮壓各種叛亂。

據佛經記載，他曾經殺了十六國的國君，這說明他在位期間，以武力吞併了許多王國，使孔雀帝國的版圖不斷擴大。更多的記載是他與塞琉古保持著很好的外交關係，同時與埃及的托勒密王朝互派使節，他甚至與一些希臘族人統治的王國保持著良好的外交合作，甚至與那些國王建立了牢固的私人友誼。由這些方面看，以強大的軍事威懾力為後盾，在國際舞臺上瀟灑地施展個人魅力，是這位皇帝的拿手本領。這種本領到了他的兒子阿育王時代更是被發揮得淋漓盡致，因為阿育王除了個人魅力，更是巧妙地將二百多年前那位佛陀的魅力借用來，以「正法」的征服方式，幾乎「征服」了當時的已知世界。因為這位印度歷史上最具實力和魅力的

耆那教聖人大雄像 西元十世紀

這是印度最大的一座單人雕像，據說每隔十二年，大雄的信徒們就會在雕像背後，搭起比這座將近十九公尺的雕像還高的腳手架，將牛奶、椰汁、白檀膏、紅花油等十幾種「聖物」從空中潑灑在雕像身上，這就成為耆那教信徒的「塗油」節盛況。這尊一絲不掛的聖像，正是耆那教徹底捨棄一切貪念的形象化體現。

皇帝，曾因為他自己製造的一個「悲慘事件」為契機，被佛陀慈悲、平等的人格魅力所征服，而放棄自己擅長的武力征服，徹底洗心革面，成為國際和平的宣導者，這是後話。

毀滅之神阿育王

反過來，我們再來看看阿育王的童年時代。傳說阿育王小時候，生得異常醜陋，性格頑劣，不光喜歡惡作劇，對他的兄弟姐妹也是毫無尊重，更使父王感到不安的是，這位王子很像他的祖父旃陀羅掘多，簡直就是個不折不扣的冒險家，作起事來從來都是不計後果。因此頻頭娑羅王很不喜歡他，這其中可能有後宮之間相互爭寵的因素，也有阿育王那種桀驁不遜性格的原因。但沒有人知道，這種性格恰恰成就了他的未來。

正巧當時北印度的一個叫做妲叉屍羅的地方發生叛亂，父王即派他去平亂，臨時找了些老弱病殘的士兵，隨便配備了些陳舊的武器裝備，並命他限期上路，其實是想借用敵人的手幹掉這個不知深淺的楞頭青。

可是萬萬沒有想到這卻給年輕的阿育王提供了一次難得的顯示超人智慧與才能的機會。推杯換盞之間，就像施了魔法一樣，這些早該退役、滿腹牢騷的殘弱之兵，竟然發誓死心塌地的效忠他。

結果士氣高昂的平叛軍隊一到，叛軍立即亂了陣腳，經過一場廝殺，叛亂很快被平息了。不僅如此，他還將善後工作做得井井有條。這件事情使父王對他刮目相看，但是考慮到多種因素，並不想將王位傳給他。為了穩住他，乾脆任命他為當地的總督。實際上此前他已在另一地方擔任總督，此後他成為兩地的總督，但是他的政績卻一直深受朝臣們的稱許。

不久老邁的頻頭娑羅王病重，這位王子在沒有接到任何旨意的情況下，立即趕回華氏城，與支持他的大臣們商討對策。由此分析，當時王朝內部，皇族與擁有實權的大臣們之間顯然在進行著一場關乎未來國家命運的明爭與暗鬥。據記載，他曾受到當時權臣的支持，從他後來殺害眾多王室成員這件事上分析，他所代表的應該是權臣們的意志。

父王駕崩後（據傳記記載，他父親是被他脅迫而死的）他與長兄之間展開了殘酷的爭奪帝位的鬥爭，在大臣們的幫助下，他最終取得勝利，長兄的下場就是被他處死。這血腥的一幕，是他後來大量屠戮反抗者的序幕。經中記載說他殺害了九十九位異母兄弟，這顯然是誇張了。但為了爭奪王權，弒兄殺弟的事件未必不是真的。這段歷史的真實性，我們雖然沒有辦法考證。但是看看古今中外篡位者的所作所為也就不難想像，如同李世民的玄武門之變，兩位皇兄被他毫不留情地誅殺。沒有血的代價，哪有那金光閃閃的寶座呢！

此後又經歷四年時間，他憑藉著聰明和膽略，平息了各方對其繼承王位資格的異議，直到此時，這一幕象徵無上王權的灌頂大典才得以舉行。

廣場上的灌頂大典已經進入高潮，全副武裝的士兵們在不同軍種軍官的指揮下，象徵性地進行著搏擊攻殺的表演，引起大眾們一浪高過一浪的歡呼聲，白色華蓋下的阿育王，津津有味地欣賞著。此後諸般儀式在國師的主持下，有條不紊地上演著，臣民們附和著，歡呼間表情卻顯出些許的異樣。四年前對王位的瘋狂爭奪，血腥地兄弟相殘，換來今天的登基大典。這樣一位心狠手辣的新皇帝，會在今後幾十年裏將給他們帶來更多的幸福，還是不幸？他們沒有答案，只能祈求梵天的庇護了……！

果然，繼位後的阿育王，一刻不停地繼續著他所喜愛的兼併戰爭，他擁有一支由騎兵、步兵、戰車隊、象營、水兵及後勤保障部門組成的強大軍隊。（《印度文明》五、孔雀王朝的政治軍事情況　劉建　朱明忠　葛維鈞著）這可能是當時亞洲最強大威猛的軍隊。其基礎就是他祖父用重金招募的雇傭軍，軍隊中有各色不同的人種。

灌頂九年，他開始謀劃兼併東南邊境的羯陵伽國。其實在發動這場戰爭之前，他已經預想到這場戰爭的殘酷性。

打開古代印度的地圖，我們可以看到這樣一個情景，羯陵伽的位置在印度半島的東南邊地，面積狹小。在它的西部有一座幾乎與他西部邊界等長的山脈，地勢兇險，易守難攻，南北兩面還有縱橫的河流，交通相對閉塞。難怪羯陵伽人如此狂妄，地勢上的優勢使他們自信不會被打敗。阿育王作為一位有經驗的軍事統帥，不會沒有想到這個問題。但是為了滿足稱霸的野心，他仍然義無反顧。何況這個邊地小國一直以來都不把強大的孔雀帝國放在眼裏。以致在他強大軍隊陳兵邊境的情況下，對方竟然毫無懼色，並聲稱要戰鬥到最後一刻。這對他簡直就是巨大的侮辱，這位皇帝決心不惜一切代價征服它。

命令一下，大軍如潮水般湧向小小的羯陵伽。然而頑強的抵抗使阿育王的軍隊，節節受阻。前線的快報，都是些讓他頭痛的壞消息。這位「戰神」被激怒了，他親自披掛上陣，帶領他的精銳直撲前線。

他終於取得了勝利。但是年輕的皇帝卻看到了一幕令他吃驚的戰後場面，這可能是有史以來最慘烈的戰爭現場。以至於這位久經沙場的皇帝看後竟然產生了恐懼感。這種不可名狀的恐懼感像幽靈一般在他的腦際縈繞，遲遲不肯散去。他沒有興致享受勝利後的滿足感，丟下現場交給手下去處理，自

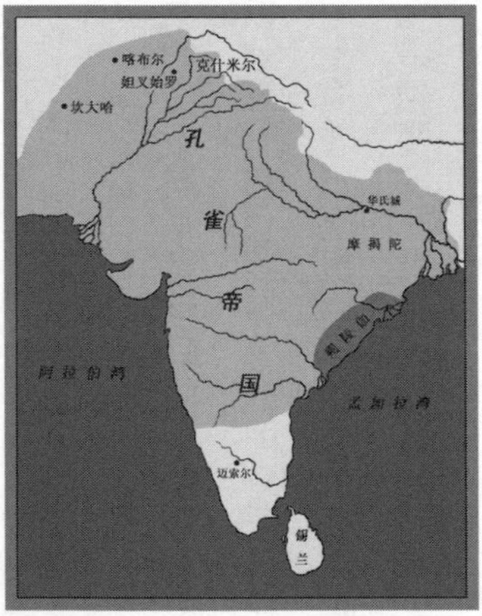

西元前261年的孔雀帝國示意圖，第二年羯陵伽即被納入其版圖內。

己立即回到首都華氏城。

征服不再有戰爭

關於這場戰爭，我們可以從阿育王後來的石柱詔文裏了解一些情況，這篇詔文中，將戰爭的結果，作了這樣的描述：

「皇帝繼位第八年征服羯陵伽，俘虜十五萬人，殺戮十萬人，死者數倍……。」（《印度的發現》賈瓦哈拉爾．尼赫魯著）

據記載，血腥的屠殺，使這位皇帝的心靈受到強大的震撼，憐憫之心油然而生。

「皇帝陛下因征服羯陵伽而感痛恨，因為征服一個未被征服的地方，勢必發生殺戮、死亡和俘虜，所以皇帝陛下深感悲痛及悔恨！……」（《印度的發現》賈瓦哈拉爾．尼赫魯著）

這個過程聽起來，似乎有些突兀！一位野心勃勃的君王，只是因為殺了幾十萬人，和見到戰場的慘狀，就會突然悔過嗎？

通過對有限史料的分析，我們能夠得出一個結論，那就是，這場戰爭的結局確使這位皇帝受到了震動，但絕不能認為，他突然良心發現，而改弦更張。

我們還是再來看看地圖，筆者使用目測的原始方法來估算一下，可以得到一個不太準確的結論。當時孔雀帝國的面積至少比羯陵伽大出三十到三十二倍。但是這場戰爭造成的死亡數量卻是驚人的。估計除了人員傷亡外，動用的其他資源也是巨大的。征服這樣一個邊地小國，動用如此巨大的資源，對於整個帝國來講，是一個危險的信號。加上戰後歸入他版圖的羯陵伽始終處在一種將要爆發的衝動中，這種不共戴天的仇恨，更是他的內心產生恐懼主因。奮勇抵抗不屈不撓，寧為玉碎不為瓦全的精神背後，是一個民族剛烈的本性，難道他們真的被征服了嗎？後來的歷史也證明了這一點，阿育王死後不久，羯陵伽人很快就再次扯起獨立的大旗，這種聲勢也直接促成了孔雀王朝的最終滅亡。

因此阿育王開始懷疑武力是否能夠真正達到征服的目的，既然武力達不到目的，為什麼不放棄呢？我們承認這位皇帝的確不同於那些窮兵黷武的帝王，他絕不是一位感情脆弱、做事不動腦子的昏君，這就是他的聰明之處。他的祖父與父親一生都在對付各種叛亂，然而一直到他繼位，叛亂始終沒有停息過。有證據表明，從他父親時起，中央政權對邊遠地方的控制，就已經非常吃力。他們經常鬧事，動輒發動叛亂。到阿育王時期，這些事件有增無減（《高級印度史》第七章：孔雀帝國 印度R．C．馬宗達等著）。一邊鎮壓叛亂，一邊征服新的地區。被征服的地區幾年後，又開始新的叛亂。戰爭沒有帶來真正的征服，反而使他的帝國危機四伏。征服的地區越多，自己的危險也就越大，看來該是放棄戰爭的時候了。

從史料裏我們也了解到，孔雀王朝，有他先天的不足，那就是帝國沒有統一的經濟基礎，他只是由很多操不同語言的各種不同部落、部族組成的一種暫時的軍事行政聯合體，（季羨林文集第五卷。印度簡史）用我們現在的話講，這些民族與部落的價值觀和認同感完全不同。這樣看來，阿育王後來放棄武力征服的確是明智的。但是怎樣才能讓鬆散的社會組織在短時期內有一個共同認可的思想基礎呢？用我們現代的話講就是必須建立一個權威的意識形態。

據記載，此次戰爭後，這位皇帝成為一名虔誠的佛教徒，並發誓要用他的餘生和他偉大的皇權及威望，傳播那些高尚的「真理」（《亞洲史》古印度文明 美 羅兹・墨菲著）。石柱上的銘文中繼續記載道：

「併吞羯陵伽以後，皇帝陛下熱烈維護正法，又宣揚正法之教規……」（《印度的發現》賈瓦哈拉爾・尼赫魯著）

羯陵伽之戰的結果使他產生憐憫之心這並不奇怪，因為阿育王在此前一年就已經皈依佛教，這說明他對佛教的教義是接受的。雖然他最初對佛教並不十分熱衷，但佛教教義中的因果輪迴、善惡報應的學說必然對他有所影響。加上戰爭中異常慘烈的場面，悔恨之情油然而生，這也在情理之中。我們從一些史料裏能夠看出，他完全接受佛教之後，仍然對其他宗教予以尊重、保護、甚至是資助，從這一點上看，他對宗教一直很重視，這些我們後面還會提到。

我們可以按照常理推測，阿育王選擇佛教之前，肯定對其他的宗教有過考察。當時的婆羅門教正處於內部調整階段，相對混亂，教義中強調種姓制度，婆羅門至上的思想，是很難被阿育王為首的強權政府所接受，此外它還缺少安撫社會、人心的思想內容。耆那教雖與佛教有很多相似之處，但它的苦行思想帶有濃重的出世意味。對社會大眾的實際利益沒有太大的幫助。只有佛教是世間法與出世間法相結合的中道，所以也是最好最容易被大眾接受的，何況佛教眾生平等的主張，更具有強大的號召力。

我們知道羯陵伽之戰後，阿育王開始更多地接近佛教僧團。此時，和尚們有關停止戰爭的勸阻，不會再引起他的反感，相反這和他的想法不謀而合，這使得他開始認真地了解佛教教義。

不久他便公開宣稱，暴力的勝利並不是真正的勝利，「達磨」（法）的征服，才是真正的征服，「依法勝，是最勝」。

從「法勝」與「征服」這些字眼裏，我們不難看出，阿育王的根本目的還是征服。但是他明白了一個道理，那就是征服人心，只能用超越武力的辦法。看到佛教徒們那種虔誠、平和、忍讓的精神，他不由得對釋迦牟尼及他的學說產生了更深的敬意。於是開始投入佛門，認真參學，虛心求教，並親身參加各種修行。

據記載，此後一年多的時間裏，他親近佛教僧團，並當眾對自己過去的殺戮行為，進行深刻的懺悔。隨著對佛教的深入了解，教義中的那些因果輪迴與慈悲情懷自然使他大受感動，回想起以前的暴虐與殘忍，心中生出真誠的懺悔是完全可信的。因為很多史料都可以證實，此後他對佛教的信仰是非常虔誠的。

據說即位十年後，阿育王便「開悟」了，這種開悟是否等同於一般佛教信徒的開悟，我們無法衡量，但是他此後的行為卻真有一種洗心革面、重新作人的氣象。佛經中有「放下屠刀，立地成佛」這句被一般大眾聽來似乎帶有一些諷刺意味的名言，竟然在這位嗜殺成性的殘暴帝王身上得到了驗證。使我們不得不感佩佛教無限深沉的慈悲感化力。

金剛力士像（出自敦煌藏經洞）佚名 絹本設色

肌肉發達，二目圓睜的金剛力士，經常出現在佛教藝術作品中，他們往往以不可阻擋的神威與力量，成為佛教的護法。

如果這種懺悔，只是作作樣子，到此也就可以結束了。但是作為帝王，偏偏要把這些鞠躬道歉的話，刻在硬梆梆的石柱上，他大談因戰爭給人們帶來的不幸而「深感悲痛及悔恨」，一副祈求原諒的樣子，倒讓我們看到了他的那份真誠。阿育王的真誠，絕不是虛偽的造作。此後的歷史可以證明，在這位大皇帝執政期間，再也沒有見到一處有關戰爭的記載。他甚至沒有對周邊的鄰國發出過任何形式的軍事威脅與訛詐。儘管他始終沒有解散那支當時亞洲最強大的軍隊。但此後佛教的「法鼓」卻在周邊更廣大的地區一次次的擂響。

懺悔的力量

再次複習這張印度古代地圖，我們可以注意到，當時的孔雀帝國是印度歷史上前所未有的統一大帝國。它的版圖幾乎包括了整個印度，北到阿富汗的一部分，南部疆界至波娜河，即今之海德拉巴省以南的吉斯特那河，西達阿拉伯海，西北與敘利亞和希臘人所統治的西亞國土相比鄰。僅有南方的一小塊地方不在它的版圖之內，其實這塊地方包括錫蘭島都曾是它兼併計畫的一部分。但是阿育王不再希求版圖的浩瀚，因為他有了更高明的征服計畫，那就是「法」的征服。

這個計畫沒有落空，果然日後的錫蘭（現今的斯里蘭卡）成為佛教的國度。恐怕連阿育王自己都沒有想到，在印度佛教已經消聲匿跡後，錫蘭佛教仍然非常興盛，直到現在，它還是南傳巴利文佛教的中心。這就是阿育王的傑作，他的傑作還不止於此，更大的手筆還在後面。

「法」的征服，首先從國內開始，往日兇狠獨裁的形象不見了，代之而來的是以佛教為名義的道德教化，石柱上的銘文曾這樣記載：

「假如有人做了對不住皇帝陛下的事，皇帝陛下如若可以忍耐的話，總要盡可能忍耐，就是對他本土上的森林居民也是很慈悲，並設法要使他們思想正確，如果沒有這樣做，皇帝陛下是要後悔的，皇帝陛下要所有含生之倫（含有生命的物類）都要有安全、自制、心地寧靜而快樂。」（《印度的發現》賈瓦哈拉爾．尼赫魯著）

阿育王的父親在位時，許多森林部落經常發生各種騷亂，他們一般倚仗一些鄰國的勢力，頻繁地對中央政權叫囂並製造各種事端。這種情形始終得不到根本地解決，所以帝國軍隊一直以來都對他們進行著一波接一波毫不留情地鎮壓。前面我們曾提到阿育王做王子時，曾被父王派往呾叉屍羅平叛之事，這一地區就是那些森林部落的聚居地之一。阿育王繼位後，這種鎮壓活動一直沒有停止過。

此時的阿育王開始意識到「德行感化」同樣適用於這些野蠻的部落。於是他毫不猶豫地將軍隊撤離，並派遣官員，宣揚他忍耐寬容的政策，對他們進行安撫並給予各方面的照顧，此外不失時機地進行佛法的弘揚。他要將「戰鼓之聲」變為「誦經說法之聲」。（《高級印度史》第七章：孔雀帝國 印度R．C．馬宗達等著）這些野蠻部落也開始接受佛教，由於某些利益得到了滿足，他們漸漸地安靜下來。此後帝國的軍隊再也沒有光顧過這些地方。

據佛教經典記載，他後來在三菩提的地方，與佛教僧團有著密切的聯繫，他好像非常願意在佛教教義上下功夫，他經常四處拜訪高僧，向他們求教，不辭勞苦地認真背誦經典並且勤於參悟。傳說他後來還加入了僧團，並作了和尚。

阿育王隨後開始身體力行地努力弘揚佛法，並以「法的巡禮」而替代他先王們定期的遊山玩水。

傳說他對弘法說教非常熱衷，不光組織僧人四處傳法，他本人也參加到弘法的隊伍中，甚至親自到一般百姓及鄉村農民們當中，為他們演說佛法，宣講道德，並勸說他們對佛法建立起虔誠的信念。由此，我們可以看出，他與民眾的接觸是安全的，不再像他的祖父、父親那樣時時小心別人對他的攻擊和暗算。

這說明他的努力已經開始見到效果，恐懼與仇恨在人民心中已經開始淡化甚至消除了。

整個社會的變化，使阿育王感到興奮，他開始意識到，僅僅弘揚佛法是不夠的，更重要的是要做一些真正能夠關乎大眾實際利益的事情，此後他開始關注國民的公共事業。他曾這樣說：

「在任何時候和任何地方，不管我在吃飯或在後宮裏、在我的臥房裏或密室裏、在車中或在御花園裏，公共報告員們一定要將人民的事務對我詳細報告……在任何時間和任何地方我都要為公益服務。」（《印度的發現》賈瓦哈拉爾．尼赫魯著）

這段記載頗使人感慨，不禁讓我們聯想起當年周公「一沐三捉髮，一飯三吐哺」的典故。如果記載可靠，這位阿育王的行動完全可以現代的一句話來形容，那就是「全心全意為人民服務」！

他開始盡量使他的統治更加人道，他宣稱對他統治地區的所有居民，都一視同仁，以實現佛陀「眾生平等」的理想。他強調所有的國民都是他的兒女，將得到他的熱愛和保護。他消弱了從他祖父起推行的員警制度，給予大眾更加寬鬆自由的生活空間。

據記載他還建立了許多醫院，其中還有很多獸醫院，並免費供應各種草藥以醫治人與動物的疾病。他在位期間，帝國內部的交通系統非常發達，城市間的道路很寬闊，並一直得到有效地維護，道路兩旁種植樹木，為行人提供蔭涼，並設有里程碑。沿途還建立休息處及儲水站供行人使用。這在當時，完全可以被視為一種完善的社會保障體系。

他有一個最大的特點，就是對他自己所頒布的敕令，首先身體力行從自身做起。他接受了佛教中的非暴力思想，決定首先在宮廷中開始實施。他下令廢止了宮廷的各種狩獵活動及各類祭祀活動中的宰殺行為，並親自要求御廚停止殺戮動物製作各類咖喱飯。節日集會也受到嚴格管制，以防殺戮及其他不道德行為的發生。

阿育王這種寬鬆的統治，使當時孔雀帝國的首都華氏城一片繁榮，成為當時世界最先進的城市之一，他可能超過了當時的羅馬，直到晚期才有當時漢朝的長安能與之相媲美。據記載當時的華氏城擁有一座著名的國際大學和圖書館，成為名副其實的學術交流中心，接待著來自各文明社會的學者和留學生。（《亞洲史》古印度文明〈美〉羅茲·墨菲著）

如果說阿育王是一位偉大的建築家，可能有些誇張，但說他是一位建築迷或是一位建築鑒賞家，則毫不過分，他生前不僅大量建造石柱，還建造了很多當時世界上最美侖美奐的建築。據記載，在他的主持下，首都華氏城建起了高大的木結構為主的城牆，城牆上面修建了五百七十個塔樓和六十四座大門。城內有花園和沿河而建的人造綠化帶，蜿蜒曲折達九英里。可惜這些建築在他的王朝覆滅後，很快地從印度的土地上消失了，從現在能夠見到的石柱及其出土的部分建築構件的雕塑上，可以看出當時中東和希臘藝術的痕跡，阿育王將佛教以和平的方式，推廣到西方，同時又從西方引進了建築與雕塑等相關的文化內容，他在當時的建築工程中可能聘用了很多來自西方的工匠。

他很重視維護僧團的團結，並採取了一些必要的措施，有效防止了僧團的分裂，至於他究竟採取了哪些措施，我們不得而知，但在當時確實是行之有效的。他還指派了特別官員管理僧團的事務，這也是以國家統治者的名義對宗教團體進行管理的最早嘗試。

據記載，阿育王即位第十七年，資助並組織了佛教歷史上第三次大規模的佛教經典的結集，他請目犍連子帝須為上座，於當時的華氏城召集長老一千餘人，歷時九個月。（《善見律毗婆沙》卷二）據說此次結集形成後來南方巴利藏的《論事》。「論事」的意思就是「議題」，因為當時部派已經分裂，在某些問題上，各執己見，觀點很難統一。於是把各派不同的論點列舉出來，並予以界定，就是這部經典的任務，現存的《論事》有二百多條議題。這次結集實際上是一次佛教內部觀點的辯論。此次結集仍然沒有形成文字記錄，還是以口頭論誦的方式進行的。因為截止到這一時期，印度還沒有用文字記錄經典的習慣和傳統。

刻在石柱上的法敕

阿育王有一個著名的癖好，他非常喜歡將他的敕令、詔文刻在石壁或是石柱上，他在位期間不僅在國內到處樹立石柱，還跑到鄰國或希臘人的領地樹立他的石柱。然而，這種癖好恰恰幫了他的大忙，不然他可能會被印度人徹底遺忘。就在這些被歷史掩埋了將近二十個世紀的石柱重見天日之後，印度人才開始意識到，流傳在周邊信仰佛教國度，那些有關阿育王的傳說的記載，所具有的歷史價值。此前很多人認為寫在佛經中的阿育王可能是一位虛構的人物？

他在位期間所建立的石柱，多用於記錄他的政治、宗教活動，他所樹立的石柱銘文中，一般使用「諸神寵愛的人」或者「容貌和藹可親的人」作為他的自我稱號，（《印度的發現》賈瓦哈拉爾．尼赫魯著）這些溢美之稱往往作為這些詔文、敕令的落款，大概是遮掩他形貌醜陋的緣故，就像歌裏唱的那樣：我很醜，但我很溫柔！至於「諸神寵愛的人」則說明阿育王對佛

五臺山寺院中，正在打造佛塔的石匠

教以外的宗教都不排斥。因為當時的佛教中，並沒有有關神的崇拜內容，諸神仍是婆羅門等神教中的崇拜對象，所以我們很容易理解，阿育王雖然是一位佛教徒，可他更希望得到眾神們的恩寵和眷顧。

阿育王從即位十二年開始，頒布他個人研究佛法所得到的體會，稱為法敕。並要求將這些法敕鐫刻在石壁或石柱上，以傳後世。據說一直到他即位第二十七年，一直沒有停止過。此後，這項工作突然停止，可能是因為經濟上的原因。他統治的後期，帝國的經濟顯然出現了一些問題，這可能與他對教團無度的佈施有關。

法敕的刊載方式一般分成兩種，一種是刻在石壁上的稱作「摩崖法敕」、另一種是刻在石柱上的稱為「石柱法敕」。「摩崖法敕」有大小兩種，大的一種一般設立在邊境，刻有十四章的篇幅；小的一種在印度中部及南部都有發現，記載一些阿育王修習佛教的事宜，還有他向臣民推薦的七種修學法門。此外他所立的石柱也有大小兩種，大的一種有六章或七章篇幅的，小的一般發現於一些佛教聖地或諸佛的誕生地，一般是勸誡僧團相互團結及一些與僧團事務相關的敕令，石柱的建造，頂端一般都有一些動物雕像。（《高級印度史》第七章：孔雀帝國 印度R．C．馬宗達等著）印度的國徽，就是源於矗立在佛陀初度五比丘時所在的鹿野苑著名的阿育王石柱頂部四隻獅子的造型。

阿育王石柱的獅子柱頭 石雕 約建造於西元前二百五十年

為了讓更多的人能夠了解這些法敕的內容，他特意在石壁、石柱上使用了多種方言文字。樹立在邊境地區（現在的砍大哈）的石柱上，使用了希臘文（希臘統治波斯帝國時使用的語言）和阿拉米（波斯帝國原有的語言）文字；發現於西北地方（此地當時可能在波斯境內）的阿育王石柱銘文是用起源於阿拉米語的去盧文字母寫成的。其他大部分石柱銘文多使用婆羅米文字（可能是阿育王時期使用的一種文字）。（《人類與大地母親》第三十三章　印度文明（約西元前六〇〇—前二〇〇年）阿諾德·湯因比著　徐波　徐鈞堯　龔曉莊等譯　馬小軍校）

這種使用多種文字的方式，很可能是受到二百多年前的啟示，佛教傳播之初，釋迦牟尼就要求他的弟子們使用各種方言，到各地傳述他的教法。所以使得佛法很快地在不同地區傳播開來。相比之下，婆羅門教則顯得非常保守，他們認為只有梵文是上帝傳授給人的語言，所以拒絕使用其他方言及文字進行傳教活動。

阿育王推動佛法弘揚的力度是強勁的，早在他第一次巡遊後的第二年，也就是灌頂十二年後，他任用了一些官吏，命他們向全國範圍內，發布王室有關佛法的詔喻，每年巡行一次，弘揚佛法兼辦公事。不久阿育王又任命了專門主管宗教事務的大臣，他們被派駐到全國各地，特別是偏遠的城鎮和森林部落、邊境等地，去傳播佛法，（《印度的發現》賈瓦哈拉爾·尼赫魯著）可以說是「法網恢恢」。

孔雀王朝自第一代君王起，就雇傭了一支人數可觀的間諜隊伍，這些人是從社會各階層招募來的。他們被裝扮成商人、僧侶、工匠、乞丐或妓女等，深入社會搜集情報。這無疑是考提利亞給予這個帝國建國之初的最大貢獻，早期只是為了監督各地的反抗動向，了解犯罪情況、監視臣僚是否忠誠廉潔。而到了阿育王時代，這些人被利用了解佛法的實施情況，隨時向國王報告官吏和人民執行正法的情況。這當然是一次特務組織工作重點的重大調整，但無論如何，特務組織的存在都是社會結構中的毒瘤，它永遠是深埋在帝國統治中樞的一顆定時炸彈。

「法鼓」震撼歐亞大陸

此後隨著佛法的弘揚，邊地的動亂也越來越少，民心也開始逐漸安定下來。既然「正法」可以征服國內的民心，難道就不能征服鄰國嗎？他已經不滿足於只在國內宣傳佛法，他開始考慮如何將佛法推行到他的盟友、鄰國甚至敵人那裏，他要用佛法去征服世界。這個看似不可能實現的目標，卻在阿育王有聲有色地策劃下，一步步地得到推進。為了確保「正法」的征服能夠順利實施，他採取了兩步驟的策略。

首先，他將目光投向西面那些足以威脅他的希臘化國家，如果征服他們，就征服了西亞，乃至歐洲的希臘。於是他派出使者向西到敘利亞、埃及、馬其頓、施勒尼（北非古國）和伊庇魯斯（古希臘鄰國）傳達他的敬意，同時完成宣揚佛教的使命；此外他的使者也來到中亞及緬甸、暹羅（現在的泰國）等鄰國。

他甚至派遣他的兒子（一說為兄弟）摩西陀率四位長老和一位沙彌，來到錫蘭（現在的斯里蘭卡），向他們宣揚佛法，據說取得了很大的成功，錫蘭的國王德瓦南皮亞．帝須皈依了佛教，整個國家的國民也將佛教作為自己的信仰，並建立僧團，建造佛塔及著名的大寺等。後來，摩西陀的胞妹僧伽密多，也被派往錫蘭，建立了比丘尼僧團，並將佛陀成道時的菩提樹的幼苗一同帶往錫蘭，現在這棵菩提樹仍然屹立在錫蘭大寺內，成為佛教的象徵，受到世世代代佛教信徒的禮拜。至於摩西陀兄妹是以什麼身分來到錫蘭的，我們則無法考證，不過按照這些零散的記載我們可以初步認定，他們很可能是以宗教官員兼外交官的身分率僧團進入錫蘭的，他們可能並不是出家僧人。

佛教傳到錫蘭，具有重大的歷史意義，據說摩西陀帶入的經典屬於分別說系的上座部，當時受印度文化的影響，經典沒有文字記載，靠的是記誦。這些口傳的經典在錫蘭傳播了二百多年後，由於當地政局動盪，僧團長老們提出要以文字記錄的形式，保存經典，這是一個大膽的建議，也是佛教史上的一大創舉。雖然印度早在釋迦牟尼時代以前，就已經開始使用文字，但奇怪的是，當時文字只被使用在國家的公文、商人的貿易活動、及貨幣上。而一直沒有被使用在宗教及文化經典的記載上。就連正統的婆羅門教的《吠陀》經典，也只是憑記憶背誦，而代代相傳的。因為古代印度人認為，世間是虛幻無常的，文字記錄的東西，在保存上有一定的困難，遇到不適合的環境就容易被毀滅；其次他們認為記憶和理解是最可靠的，文字是欠準確並

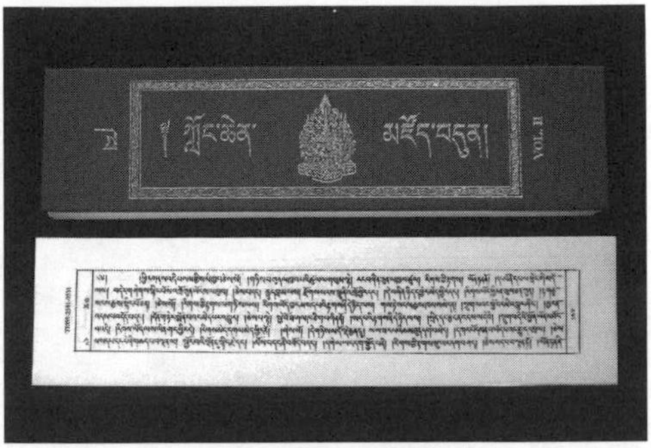

藏文佛經《七寶藏論》

容易被篡改的。

其實這種思想一直影響到八、九百年後的中國佛教。隋唐前後，禪宗在中國興起，它的宗旨就是「不立文字，見性成佛。」。此後禪宗六祖慧能大師，更以一介文盲而了悟佛法精髓，開創一代中國式的禪宗頓教之法門，確實有著歷史的淵源。由此分析六祖慧能未必是一位不了解佛教經典的人，相反他對佛教經典可能是過耳不忘、爛熟於心的，以至當時一位比丘尼向他討教佛經時，他很快就能為她宣說教理（見《六祖壇經》）。這個故事在後世曾落入「智慧無關語言文字」的玄談之中，長達幾個世紀。因為從表面上看，六祖不識字，很多人認為他不讀經就可以開悟，視他為神人。於是重視文字經典的中國人，就會更加認為六祖的開悟與文字經典無關。其實，六祖開悟恰恰是聽聞他人誦讀《金剛經》後，對經中「無住生心」的思想產生共鳴。他雖然不會讀經，但這並不影響他聽人讀經，因為沒有記載讓我們相信他失去了聽力，相反他不光在最初聽聞《金剛經》，後來五祖還專門為他單獨講授這部經，可見他絕非對佛經一竅不通，反之倒可能是一通百通。

佛法最初傳到中國時也只有佛像（金人），而未見佛經，隨後陸續來華的西域高僧也多不攜帶佛經，只憑記憶誦出而翻譯成漢文。早期的佛經譯師多來自西域諸國，他們輕裝簡從，除身穿的衣物外，只攜帶乞食的鉢。這也是早期佛教戒律所要求的，此外一無所有。佛教中還有付法傳衣鉢之說，就是師父圓寂前，將他的衣鉢傳給他覺得可以繼承他事業的弟子，以示法的傳承。這是佛教早期的傳承標誌，也說明法的傳承更重要的是心的印可，而不是佛經的傳遞。那時既沒有文本佛經，也無佛像，衣鉢是出家人唯一的財產，所有的「法」都在每個僧人的腦子裏。

西元前一世紀（西元前一〇一—西元七十七年）在錫蘭中部馬特列地區的阿盧寺，舉行了一次具有歷史意義的重要結集，這次結集的方法，仍是大家將爛熟於心的經典，依次誦出。然後由專人用巴利文記載在貝葉上保存下來，這就是著名的「貝葉經」。貝葉是一種隸屬棕櫚科樹種的樹葉，葉型寬大而且呈長方形，大概是經過煮、曬、壓等熟製工藝後，修整成型，用特製的鐵筆將文字刻寫在上面，再用黑色的染料塗刷，凹下的文字部分就露出原有的淺色，然後將製好的貝葉兩端打上孔，用繩線串連成冊，從此佛教有了以文本記錄經文的先例。隨後各派也開始陸續出現書寫的佛教經文。漸漸地，為了鼓勵書

梵文書寫的貝葉經《八千頌》寫自唐代

寫佛經，有人開始宣傳記錄、抄寫佛經，並使它得到廣泛的流傳，具有無上的功德。這種風氣慢慢興盛起來，也開始影響到佛教以外其他的教派。

相比之下，希伯來人，早在五、六百年前（西元前六—七世紀）就已經開始用書寫文本的方式記錄他們的宗教經典，這些記錄成為後來基督教聖經《舊約全書》的一部分。他們的方法是將草等植物，軋製成薄薄的片狀體，經過修整，在上面進行書寫。然後用木桿作軸，將其卷起進行保存稱為卷軸書。卷軸書也有用羊皮作為書寫材料的；而中國，則在西元前十一世紀以前就已經開始使用竹簡及木牘記載各種經典。所以到了孔子時期，各類古籍都可以見到。雖然孔子與釋迦牟尼是同時代的人，但是在當時的印度，人們還是用背誦的方式繼承以前的經典。以至於釋迦牟尼的教導也通過那些易於背誦的偈子，進行口耳傳承。這說明古代印度人具有非凡的記憶力，和邏輯思維能力，可能與他們從很小就重視瑜伽禪定的修習有關。

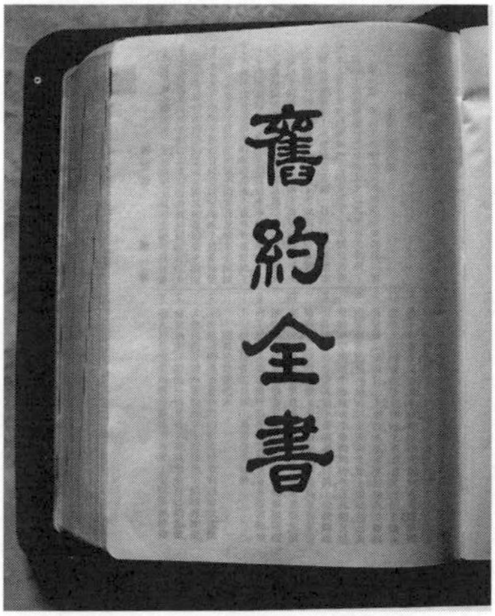

中文《舊約全書》書影

錫蘭後來雖也出現教派的分裂，但各部派所使用的巴利文三藏經典是完全一樣的。後來這些屬於上座部的巴利文經典傳到暹羅、緬甸。到了後來錫蘭佛教衰落後，又由泰國和緬甸傳回，用文字記錄佛經的好處，在此時終於得到了印證。到目前為止，錫蘭保存了最完整的南傳巴利文三藏經藏，這些經藏是公認最早成書的佛教原始典籍，也是最靠近佛陀時代的典籍。

西元四一〇年，中國僧人法顯訪問錫蘭，曾在那裏住了兩年多的時間，還有有關遊記傳世，在那裏他找到了部分當時國內從沒見過的原始佛教經典，並將之帶回國。

錫蘭佛教還對南北朝時期的女性出家眾，提供了幫助。西元四三三年（南朝宋元嘉九年），一位來自錫蘭的比丘尼，到達了當時南朝首都建康（南京），為慧果等三百餘人授比丘尼戒，在中國建立比丘尼僧團，這也是第一個合法的比丘尼僧團。

轉過頭來，我們再看看阿育王的時代。他以「德行感化」替代了武力征服，並且告知他的臣子及後代們，只有「德行感化」才是唯一的、最有力的征服。他相信自己推行的「德行感化」是很成功的，他認為他用佛教感化並征服了被希臘統治的國家；也征服了泰米爾和錫蘭。西元前二五八到西元前二二五年間，他向五個希臘化國家派出了他的佛教傳教團。它們是位於敘利亞的安提奧卡斯王朝（西元前二六一年──二四六年）、埃及的托勒密王朝（西元前二八五年──二四七年）、馬其頓的安提戈諾斯王朝（西元前二七六年──二三九年）、麥伽斯統治的施樂尼王朝（西元前三百年──二五八年）、亞歷山大統治的伊庇魯斯王朝（西元前二七二年──二五五年），據說阿育王還在這些國家建立過慈善機構。（《人類與大地母親》第三十三章　印度文明（約西元前六百—前二百年）阿諾德．湯因比著徐波 徐鈞堯 龔曉莊 等譯 馬小軍校）到阿育王後期，佛教不但已遍傳印度全境，而且影響到地中海東部沿岸國家，北到喀什米爾、白沙瓦，南到錫蘭，進入東南亞。佛教由此分為南北兩條對外傳播路線，以錫蘭為基地向東南亞傳播的，稱作南傳佛教，中國西南的某些地區，至今還保留著巴利語系的南傳佛教；北傳的一路，以喀什米爾、白沙瓦為中心，繼續向大月氏、康居、大夏、安息和中國的于闐、龜茲進行傳播，以至幾個世紀後形成了勢力強大的、具有中國特色的大乘佛教中心。

其中大夏，當時是希臘人統治的國家，北起阿姆河上游，南抵印度河流域，勢力強盛，這個區域中有很多希臘及馬其頓的移民。一些碑文記載了大夏希臘移民信仰佛教的情況，考古還發現舍竭國王彌蘭陀（希臘人）施捨的舍利壺，甚至在其發行的貨幣上也鑄有佛像，佛教曾在這些希臘人中風靡一時，可見阿育王的「征服」確實大見其效。西元前二世紀中葉，大夏被來自東方的大月氏征服，在征服過程中，大月氏也漸漸接受了佛教。這個原本來自中國境內，曾因漢初匈奴人的驅趕而暫避西域的民族，後來曾入主印度建立了貴霜王朝。這個與中國關係良好的民族，後來在佛教傳入中國的過程中，顯然出力不少。據記載西元前二年其國王曾派遣伊存將《浮屠經》口授東漢的一位博士弟子，這就是佛教最早傳入中國的記載。此後來自這個民族的僧人們曾在幾個世紀裏，源源不斷地來到中國，加入到譯經、弘法等事業中來。

同樣屬於西域的安息，在西元前二世紀已吞併大夏的一部分和印度西北的一部分，並開始接受佛教，他們同樣被幾個世紀前阿育王布下的「法網」所俘獲，成為佛教信仰的熱點地區。與月氏人一樣，出自這個地區的高僧們，曾經不辭辛苦、前仆後繼地行走在向東延伸的傳教之路上。西元一四八年（漢恆帝建和二年），安息某國的一位太子安世高，遊學至漢代的洛陽，很快精通漢語，開始系統地漢譯佛教經典。據記載他被認為是中國歷史上第一位漢譯佛經的譯師。他的工作延續了二十多年，翻譯了多部屬於上座系說一切有部的小乘經典，這些經典由於適應了當時的黃老之學，而在中國流行了二個多世紀。稍後，一位來自大月氏的支婁迦讖，也開始在洛陽漢譯佛經，他所譯的經典都屬初期大乘經典，這部分經典也因與後來流行於魏晉時期的玄學暗合，而風靡中國。這二位譯師的努力，徹底改變了中國佛教只有佛像，而沒有經典的歷史。佛教從小乘學說發展到大乘學說，雖然在印度經歷了幾個世紀，但傳入中

新疆石窟裏的菩薩造像

這個地區屬於古代的西域，是自孔雀帝國的阿育王和貴霜帝國迦膩色迦王以來佛教弘揚的北方目標之一，西元前後，逐漸成為佛教的熱門地區，因此這裏的佛教造像帶有濃重的中亞、南亞風格。

國幾乎是同時。派別上的區別也使中國佛教在初期產生了一些混亂，但也促成了佛教大、小乘思想在中國內地快速融合和相互的借鑑。這種混合了的教義後來與中國文化相結合，形成了一些全新的思想內容。此時阿育王與他的時代雖然已經成為過去，但其「法勝」的餘韻，卻啟發了佛教東傳的時代最強音。

約西元前一世紀，佛教的一些僧人們由罽賓（迦濕彌羅地區）向東越過蔥嶺，進入中國新疆于闐（和田），很快于闐便成為佛教傳入中國的一個重要的根據地。西元二六〇年（曹魏甘露五年），中國的第一位出家和尚朱士行曾親自從洛陽來到于闐求取《放光般若經》梵本，後令其弟子帶回洛陽，他本人卻於第二年在當地圓寂。隨著佛教的傳播，印度與于闐之間發展起良好的貿易互動，成為中國與印度及西亞各國貿易及文化交往的重要中轉站。

一個時代的結束

阿育王的弘法運動如火如荼，從他在位到西元前一世紀，將近二百餘年的時間裏，佛教僧侶們的足跡已遍布西亞、中亞、東南亞和南亞的許多地區。佛教實際上已經逐漸成為世界性的宗教。這位阿育王所津津樂道的「法」的征服，使一個原本只屬於北印度的地區性宗教，發展成為當時的國際宗教。釋迦牟尼與他的教義不光遍傳南亞次大陸全境，也被傳向亞洲大部分地區，並且為佛教後來的發展與創新，創造了新的契機。

前面我們曾經提到，阿育王是一位深富宗教感情的帝王。他雖然皈依佛教，但對當時流行在印度的其他教派，也採取了令人稱讚的態度。當時印度的教派非常多，各教間的鬥爭也非常激烈，就是佛教內部也在出現了多次部派分裂，初期大乘學派的興起，在思想領域與原有的小乘學派之間發生著各種衝突。大約比阿育王小將近三百歲的漢武帝，處理起這個問題就很簡單，一聲令下，除了儒術百家閉嘴！作為君王，說一不二，痛快淋漓。但是阿育王採取的卻是截然不同的方法。他認為各派學說都不是異端，並肯定他們之間共同的道德基礎。他呼籲教派之間相互團結。他在石柱上的銘文中這樣記載：

「各教派都有一種或別種理由應受崇敬，照這樣做，一個人就把他自己的教派抬高，同時對於別人的宗教也有貢獻。」（《印度的發現》賈瓦哈拉爾·尼赫魯著）

有記載說，他曾公開嚴厲地批評他的官員對於婆羅門教及其他宗教不適當的舉動。不僅如此，他還對佛教以外的其他宗教採取扶持的態度。他親自向他們佈施大量的錢財，為他們建造洞窟和精舍。還經常向那些僧侶們贈送財物，並派專人定期為各教派分發施捨品。他告誡他的宗教事務大臣，要對佛教以外的所有教派予以關照，並嚴禁他們對其他教派使用粗暴的言詞。

（《印度的發現》賈瓦哈拉爾．尼赫魯著）據說他非常厭惡將自己的信仰強加於人的作法，並且嚴厲懲罰過那些逼迫他人改變信仰的官員。（《高級印度史》（印度）R．C．馬宗達等合著）他的開明與寬容，贏得了各教派一致擁護，教派間的矛盾被有效地調解，宗教界也處在少有的和平共處狀態。在他統治期間佛教及其他宗教無論在理論上還是教派建設上，都得到有史以來最大的發展機遇。

阿育王對佛教很有研究，並有很多獨到的見解。他將佛教教義中有關道德說教的成分提煉出來，與印度自古的道德傳統相結合，總結了一些道德規範，以敕令的方式刻在石柱上。其中包括尊重父母及長輩的；愛護動物；尊敬教師等等。他對法的解釋是：「除邪惡、多善良、發慈悲、樂施捨、重誠實、貴純潔。」（《高級印度史》（印度）R．C．馬宗達等合著）他曾在石柱上留下這樣的詔喻：

「不深愛德行、不深入檢查、不絕對服從、不深畏罪孽和不勇敢精進，就難以確保在今生和來世獲得幸福。」（《高級印度史》（印度）R．C．馬宗達等合著）

由此看來，與其說他是在弘揚佛教，到不如說他是秉承佛教的精神而重新規範國民的社會道德。阿育王所頒布的法令，一般都避開佛教的高深理論，也很少直接照搬佛教教義，而是將佛教中平等、慈悲等思想加以發揮，使之形成一條條可行的世俗化的法令。這種巧妙的結合，使得以出世為目的的佛教與世俗生活掛起鉤來。佛教不再僅僅是追求涅槃寂靜之道，轉而成為建立和諧社會，享受人生幸福的道德依據。正如英國史學家阿諾德．湯因比所說：「他對達摩的描述（第九和第十一大岩刻敕文，第二石柱敕文），更像孔子對道的描述，而不像佛陀對信徒的精神訓練所作的明確規定，以及佛陀對行為戒令所依據的原則作出的明確闡述。」（《人類與大地母親》第三十三章　印度文明（約西元前六〇〇—前二〇〇年）阿諾德．湯因比著　徐波　徐鈞堯　龔曉莊　等譯　馬小軍校）這是阿育王的首創，也是佛教世俗化的第一次嘗試。當然這些敕令能否得到有效的貫徹與執行，則無從考證。據一些史家的判斷，這個以考提利亞強權理念及統治之術為基礎建立起來的國家機器，很可能會對阿育王的這些善良願望造成致命的打擊。正如阿諾德．湯因比所描述的那樣「孔雀王朝的官僚政權可能確實大大地摧毀了這位皇帝的打算。如果這樣，這將十分有助於解釋孔雀帝國之所以成為一個短命帝國的原因。」（《人類與大地母親》第三十三章　印度文明（約西元前六〇〇——前二〇〇年）阿諾德．湯因比著　徐波　徐鈞堯　龔曉莊　等譯　馬小軍校）我們確實無法想像，按照阿育王所表達的意願，對帝國進行更加人道的統治，其結果竟反而會使這個王朝加速走向滅亡？因為很多現象都表明，這個帝國出現危機恰恰是在阿育王在世時就已經開始了。有記載說他在晚年失去了控制帝國的權利，成為傀儡，如果這一傳說可信，那麼答案也就顯而易見了。

中國人製作的「阿育王塔」銀質
五代時期

阿育王死後，印度西部有一位叫做彌蘭陀的國王，他的軍事實力逐漸強大起來。他的征服從喀布爾一直伸展到旁遮普。其實這種希臘式盲目的英雄主義行為，在孔雀王朝走向沒落的同時，已經從它周邊的希臘化國家開始了。但奇怪的是，在擴張的過程中，他們竟然逐漸接受了佛教。在佛教後期的記載中，這位彌蘭陀王被描述成一位虔誠的佛教徒並頗受世人的愛戴（這種愛戴，應該更多是出自佛教教團及信仰者），這很容易讓人們回憶起那位偉大的阿育王。可能有朝一日，他也會放棄武力，以「法勝」代替武力征服，也未可知。

孔雀王朝隨著阿育王的去世，開始逐漸瓦解，被後起的巽伽王朝所替代。希臘人的軍事威脅，自然使巽伽皇帝從心眼兒裏感到不舒服。痛恨之餘，除了軍事對抗，以消滅佛教為手段，打擊希臘人，不失為一種有效的抵抗，也許是為了從意識形態上消除人們對於「法勝」的記憶。佛教在歷史上首次成為政治與軍事的犧牲品。此後，類似這樣的滅佛噩夢，在其後將近二千年的歷史中，無論是在印度還是在中國的歷史舞臺上，重演了不知多少次。

隨著滅佛運動的實施，阿育王及其他記載「正法」的石柱，被埋入地下，漸漸地被人們遺忘。佛教史上的首次滅佛運動，直到一位來自大月氏民族貴霜王朝的統治者伽膩色伽王時期，才得以結束。佛教在這位實力派人物的推動下，又進入了一輪新的大擴張階段。

柒、遠離神界的涅槃

質疑佛經

佛經的記載非常龐雜而散亂，如果依賴佛經的資料，我們很難梳理出釋迦牟尼四十九年傳法生活的歷程與時間表。因為佛經就像一篇篇自由浪漫、沒頭沒尾的散文詩，很少有時間的概念，更難以與當時的社會背景結合起來，因為古印度既沒有正史也沒有野史。相反佛教與耆那教的經典中還能找出一些零星的與歷史相關的記載，但多缺少時間依據。這當然與古印度人們對於時間概念的模糊和對歷史事件不太在意有關。

有趣的卻是，每一部佛經，都試圖讓讀者相信它的真實性，幾乎所有經文的開頭都無一例外地記載著：「如是我聞」四個字。也就是說：「我聽到的是這樣的」，這句話似乎很權威，我聽到佛說的，而不是我自己說的。後面緊接著就會出現「一時」，這個詞。這可以理解為「當時」、「一天」「有一次」等。再往後就是地點和聽眾的身分、人數等等，這些看似交代得非常清楚，但有一個重要的問題是永遠都搞不清楚的，那就是時間。由於佛經中時間概念的模糊，給佛教思想源流的研究帶來困難。同時也給晚期出現的經典被輕而易舉的混入早期經典，帶來了某種方便。這種時空錯亂，必然導致佛教思想在表述上的某些混亂。原本成立於各個時

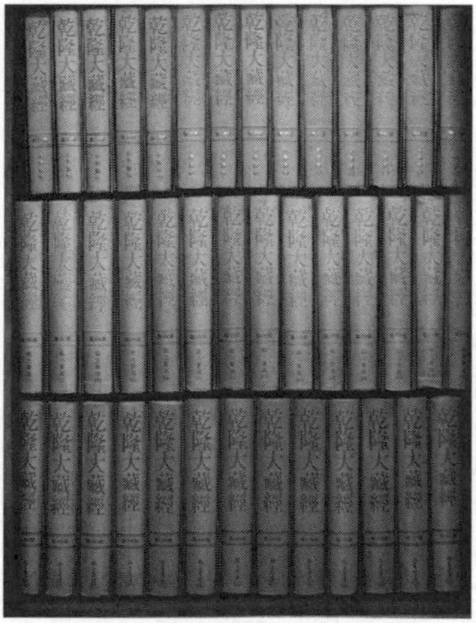

部分《乾隆大藏經》書影

《乾隆大藏經》又名《清藏》、《龍藏》。是清代以政府名義投資、組織編輯的大型佛教三藏經典文庫，此藏收錄了一千七百多年來的漢譯經典及中國本土歷代佛教論著。這一龐大的文獻整理彙編工程，從清雍正十一年（一七三三年）到乾隆三年（一七三八年）共歷時五年。全藏以《千字文》編號，自「天」字起至「機」字止，共七百二十四字，每字一函，共七百二十四函，每函十卷，共七千二百四十卷，雕成經版七萬零三十六塊，重量達四百噸。

期的階段性思想被一股腦的說成是西元前六世紀，由釋迦牟尼所說，這實在是大成問題。

佛經成書，都是在佛陀滅度五、六百年後的事情。那些限於佛教僧團內部世代口耳相傳的經典，往往通過會誦（說唱）的形式體現它的存在。我們知道越是早期的經典，越是以韻文（如同一種詩歌）的形式出現，因為韻文既順口又好記，這在缺少文字的古代是常見的。所以早期佛教的集體誦經活動完全是為了記憶和複習經典，同時有利於更正某些人記憶上的錯誤。我們知道後期佛教有些儀式中，只是單純地讀誦經典，而並不強調對所誦經典內容的正確理解。有些法師甚至認為佛經的深意，不是凡夫所能體會，所以強調「只知讀誦，不求妄解」。誦經也稱為「持經」，因為他們深信誦經本身就是一種功德。有些信徒甚至相信誦讀某經達到某一數量，就可以得到某種利益，這可能是受秘密思想的影響，當然也與後期佛教經典對釋迦牟尼進行全方位的神化有關。我們注意到後期經典中的佛陀已經逐漸變成了全知全能、盡善盡美、法力無邊的「神」，（《佛經的文學性解讀》第四章 侯傳文著）人們不再把他當作求道解脫的導師，而試圖依靠它的「神力」求得對自身的庇護。其實早期佛教中，從來沒有強調過誦經本身的特殊功效，相反如果你只會誦經，而不解其意，反而沒有任何好處，所謂「雖誦千言，不解何益，若解一偈，行可證道！」（《法句經》）看來，後期佛教中的拜經（如同禮拜佛像一樣禮拜佛經）、誦經、供經（將佛經與佛像一樣供在佛堂之上），都是將佛經當作一種聖物進行禮拜，而很可能將解經證道放到次要的地位上。

我們國家少數民族地區有一些流傳於民間的史詩，如藏族著名的《格薩爾王》就是通過藏族藝人世代傳唱，保留下來的；再有蒙古族的著名史詩《嘎達梅林》也是如此。它們都有一個共同的的特點，就是少不了集體創作的過程。開始都是些很短的小故事，經過漫長的歲月，傳唱者們先後加入一些個人創作，逐漸形成我們今天能夠見到的浩瀚長篇史詩。但如果非要用這部華美的史詩去還原歷史則是非常可笑的。相反也不會有人將這些史詩當作歷史，但史詩卻會折射出歷史的影子。如同我們可以從《梨俱吠陀》等亞利安人傳統的詩集裏面，零星了解到四、五千年以前亞利安人對印度土著民族的征服過程。佛經中一樣可以投射出釋迦牟尼的思想體系、佛教形成與發展的過程，甚至當時印度的歷史與文化。但這並不能說佛經就一定能夠完全、徹底、真實地反映這一切。況且根據佛經的記載，佛滅後佛經先後經過了四次結集。第一部佛教的文本經典出現於西元二十九年（這一年，在錫蘭首次出現了用巴利文書寫於貝葉上的佛教經典），此時佛陀已滅度五百一十六年。在這個過程中，佛教僧團本身也因對於經典（包括《經》、《律》、《論》）看法不同，一次次的分裂，以至後來又出現了大乘、小乘的決裂。

佛教經典中，最早出現的《阿含經》被認為是最接近佛陀時代的經典，它的記載方式，讓人聯想到中國最早記述孔子及其弟子言論的《論語》。（《佛經的文學性解讀》侯傳文著）《阿含經》也是一部記錄老師與弟子言論及行動的經典。它由四部分組成，包括《長阿含》、《中阿含》、《雜阿含》、《增一阿含》，它們分別譯自五部南傳巴利文上座系佛經（《長尼迦耶》、《中尼迦耶》、《雜尼迦耶》、《增一迦耶》、《小尼迦耶》五部）。我們前面提到過，這些最早、最完整的經藏是由阿育王的兒子（或稱兄弟），奉阿育王之命，以口傳的方式帶入錫蘭的。它在三百年後由錫蘭僧人書寫成第一部文本經典。裏面記載了大量釋迦牟尼的言行，語言也比後期經典顯得平實而樸素。這些對了解釋迦牟尼一生的情況很有助益，但這並不表明經中的描述一定完全符合歷史真實。除去古代印度人喜歡將神話混同於歷史的特點外，這些經典經歷了五百多年的口口相傳後，才被記載成文字，這一點是不容忽視的。佛經在沒有文本記載的五百多年傳承中，少不了集體創作的環節（每一次結集，可能就是一次創作過程）。當然其中個別記憶上的錯誤很可能會影響到後來的傳承。

佛經中有這樣一個記載，釋迦牟尼最親近的弟子阿難，有一次在叢林中聽到一位比丘誦經道：「若人生百歲，不見水鵠鶴，不如生一月，得見水鵠鶴。」阿難非常驚奇，立即指正道：「若人生百歲，不解生滅法，不如生一日，得解生滅法。」這位比丘馬上回去報告他的師父，但是這位師父非常固執，他對弟子說：「阿難老朽，智慧衰劣，言多錯誤，不可信從。」堅持讓弟子按照自己所傳授的內容誦讀。據說阿難對此事非常感慨，歎息道：「世事無常、正教沉沒而入滅」。（見《阿育王傳》、《付法藏傳》）這一感歎聽來似乎過於悲觀，可作為天天聽聞導師教誨的阿難來說，簡直就是無可奈何。可見沒有文本的口傳時期，即使在佛世也會出現各種謬誤，更何況，經歷了五百多年？再者佛經有文本傳承的將近一千多年的時間裏，不同地區又陸續出現了一些新的內容，如部分後期的大乘經典；甚至還有部分從未面世的佛教經典，藏於「龍宮」，後來被某菩薩從龍宮取出的傳說（《龍樹菩薩傳》）這些突然間出現在世人面前的經典，大都與早期佛教經典的思想不同，甚至差距很大，所以只能用釋迦牟尼應機說法，對不同的人說不同的法，甚至用釋迦牟尼穿越各種不同的時空，為各類不同眾生說不同法的神話，來平復這些差距。這些後出的經典，常常貶斥那些佛陀的早期弟子為小乘根器不得聽聞大乘之法，有些大乘經典開頭甚至描述佛陀將要宣說大乘之法前，聲聞弟子（也就是小乘弟子，佛陀時代的那些弟子都被稱為聲聞弟子，大乘佛教興起後，他們被貶為小乘）當即離席退場的情形，甚至經中還會借用佛陀之口喝斥那些聲聞弟子。這也從一個側面表現出，佛教在改良、變易以求適應社會的過程中，其內部鬥爭是非常激烈的。當然這個針對於龍樹龍宮取經的傳說，很有可能是被後人附會上去的，但深信此事為真的卻大有人在。佛教隨著時代的發展產生變化，原本是無可厚非的，但非要將後期經典說成是釋迦牟尼所說，確實是有意為之的行為。

所以我們承認佛經是了解佛教思想、源流及佛教史最重要的資料，但不是唯一的，不容置疑的。佛經內容的可靠性是可以置疑的，更何況缺少時間的依據，浩瀚的經典集在一起，哪部是佛陀先說的，哪部是後說的則很難確定。這樣一來我們不得不懷疑有一部分經典，很可能是佛教的弟子們在佛滅後撰述出來加到經藏中去的。但這並不代表這批後來加入的經典有嚴重的品質缺陷，相反這些內容很可能對佛教在不同歷史條件下，能夠更好的生存與發展，起了重要的作用。

隋代房山佛經拓本

佛經記載的可靠性問題，我們可以從釋迦牟尼四十九年傳法生涯的記載中找到一些答案。我們前面提到釋迦牟尼成道後的事蹟相當多，佛經似乎把這些重大的事件都寫入他成道的那一年。我們知道印度的雨季很長，這段時間到處行走是幾乎不可能的。我們可以試想：這一年他經歷了在優樓頻羅鎮的放棄苦行、四十九日禪定、最終覺悟，然後步行二百五十公里到鹿野苑教化五比丘及耶舍，之後又行走二百五十公里回到優樓頻羅鎮為路遇的青年們說法、然後收編三迦葉。隨後帶著弟子遊行至摩揭陀首都王舍城，度化國王，收舍利弗、目犍連兩位大弟子，建立竹林精舍。當中忙裏偷閒還回了一趟故鄉迦毗羅衛，收了一堆釋迦弟子和年幼的兒子，然後又回到王舍城，接受給孤獨居士的建議，在拘薩羅的首都購買地皮建另一座精舍。在這過程中對僧團進行正規化管理等等。這些記載放在一年當中，顯然過分緊湊了。按照記載，到此為止，僧團人數已發展到幾千人，在兩個強大國家的首都都有了定居地。

我們在前面曾經分析過，釋迦牟尼剛剛成道時，對於是否向世間傳播他的教法，很是猶豫，其原因就是他的教法，對以往的傳統沙門思想和修行方法，具有顛覆性。更與婆羅門教的權威意識，水火不容。這樣一種新的學說體系，想要在當時的環境下站住腳是有困難的。所以，我們有理由認為將這些完整而重大的事件，全部寫入釋迦牟尼成道的一年中，顯然是想讓讀者相信，成道後的釋迦牟尼及其他的教法，具有不可思議的「神力」。因為在這之後的記載，似乎開始變得零碎、散亂，幾乎沒有時間概念。讓人覺得，在這之後的將近四十五年裏，沒有再發生什麼具有歷史意義的重大事件。只是在最後的記載中談到提婆達多破僧及迦毗羅衛亡國兩件大事，最後濃墨重彩地描述釋迦牟尼的涅槃。所以我們有理由認為這些被高密度羅列在第一年中的事件，應該被平攤到之後幾年或幾十年當中，才更加合理。由此，很多專家按照他們的推斷，將釋迦牟尼的一生，特別是成道後的四十九年，編訂了一個年表。然而面對這個虛擬的很多年代空白的表格，持不同意見者頗多。當然，理清這些頭緒不是我們這部書的任務，我們只是認為佛經記載中的可靠性是完全可以置疑的。

有關生死的討論

轉而，我們再來了解一下釋迦牟尼一天的工作。他是位非常喜歡按照既定規則生活的人，只要沒有特殊情況，他不會放棄這些規律性的生活習慣。據佛經記載，他每天的生活是按照五個時段來安排的（《佛陀與佛法》斯里蘭卡 那爛陀著）。

釋迦牟尼佛像 菩提迦耶

上午，大約相當於現在計時器的清晨六時到十二時之間，他首先會用禪定的方式，觀察是否有人需要他的幫助，有無需要他度化的人。之後他有時會親自前去，到對方的住處，進行教化。當然也會有很多人自己找上門來，請求他的開示。如果沒有受到特殊的邀請，中午之前他會和其他的僧人一樣托鉢繞城乞食，接受了食物之後，回到住處食用。午前，就餐結束，他會為信徒們作一些簡短的開示，或為新來的人授三皈五戒。然後回到自己的寢室，稍事休息。

下午，大約午後十二時到下午六時之間。他會在僧團駐地的一個公共經堂（集會、講經的場所）的一個地方坐下，比丘們也會按時聚集在這裏，準備聽他講解佛法。需要向他個別請教的比丘會來到他的面前，提出各種問題，以得到相應的解答，不需要個別提問的人會向他行禮後離開。回答完這些問題後，他會回房休息，有時就隨意正念右臥（這是釋迦牟尼標準的睡姿，以右側身體著地，兩腿微微彎曲，右手放在枕側，左手置於左胯上，他最後涅槃時也是這種姿態。）片刻。然後再為來自各地的大眾講解佛法。

第一時夜，相當於下午六時，至晚上十時。比丘們可以隨時來到他的住處詢問有關禪修的問題，這一時間是專門用來指導各位比丘的。

中夜時分，相當於晚上十時到凌晨二時之間。據經中記載此時是釋迦牟尼專門教導天界眾生的時間，我們暫且存而不論。

後夜時分，相當於凌晨二時到六時之間。據說二時至三時，他會在附近散步，三時到四時，他會正念右臥休息，四時到五時，他會於深禪之中，證入阿羅漢，享受涅槃之樂。五時至六時，他會用大悲之心，關照眾生，這些可能屬於深層禪定中的工作，我們不甚了解，無法予以評說，故此存而不論。

總之，從上面這些記載中，我們可以得知，釋迦牟尼一天中休息的時間非常少，只有二個小時而已，然而，這僅有的二個小時裏，也是正念右臥。所謂正念，就是一心專注，不間斷、沒有雜念。這仍然是禪定的次第。所以我們知道，這位導師，即使休息也是不離禪定的，隨時都處在沒有妄想的狀態中。用我們凡人能夠理解的方式解釋一下，就是說人在清醒的時候，能夠比較注意控制自己的思想，但是一旦睡著了，就會完全放鬆，任思緒在夢中遨遊。但有修行的人，即使處於睡眠狀態，仍然能像象清醒時一樣，使自己的思想保持正念。當然這種解釋並不恰當，因為這種正念絕不是簡單地控制思想，而是一種經過長期訓練的禪定功夫。

此外，釋迦牟尼與其他僧人一樣，一天只在午前吃一頓飯。其他的大部分時間，都用在宣說講解他的教法上，四十多年如一日，沒有改變過。

我們知道釋迦牟尼離開家去尋求真理，直接的誘因就是他對生、老、病、死的憂慮。然而，經過六年的時間，他並沒有向任何人宣告，他自己已經得到長生不死的神仙之術。相反他對生死的因果關係，更加透徹、明瞭。因為他的心已經超越了生死這種凡夫愚見的困擾，而絲毫沒有執著於逃避死亡的妄想。

他像所有的人一樣由年富力強而漸漸轉向衰老，他像一位普通的老人一樣需要年輕人的照顧。同時坦然地與年輕人談論自身衰老及其死亡的問題。

這是一個有些寒意的傍晚，釋迦牟尼坐在那裏，盡量使自己的腰部沐浴在夕陽下。阿難走過來為他按摩肢體，問道：「奇怪！現在您的皮膚不再光潔，肌肉鬆弛而出現皺褶。您的身體也開始前傾，五官與肢體都發生了變化？」釋迦牟尼回答說：「正是這樣，阿難！青春必然會衰老，健康必然會生病，生命總是會死亡。我的皮膚不再光潔，如你所說，身體也發生了變化。」說到這裏他隨口誦了一首偈子：「……即使活上一百歲，也躲避不掉衰老。衰老踐踏一切人，對誰都不留情面。」（《雜尼迦耶》四・二一六、二一七）

這就是他對於死亡的態度，無論你是凡夫，還是阿羅漢，只要有生，必然有死。所以他從來沒有試圖依賴某種「技術」來躲避這一最終的結局，也從未向世人宣稱能夠使他的信仰者逃避死亡的結局。相反他承認在死神面前，人人平等。因此尋求永生、不死等從來都不是佛教所追求的理想和目標。相反他試圖讓更多的人了解他的因緣法則和因果學說，並透過這些學說讓人們看透生命的虛幻本質，和萬事萬物的理則，不再希求那些虛幻不實的妄念，放下各種執著以平常心去體味人生的整個過程。

因此，佛教從一開始就與長生不死的神仙之術劃清了界限，佛教中既沒有通過某種修行達到長壽不死的說法，也沒有通過修行達到死後成仙的學說，至少在佛陀時期的學說中是沒有的。但是就在釋迦牟尼滅度六百多年後的中國，某些漢譯的佛教經典，卻一反常態地出現了一些類似道教神仙之術的內容。這些內容被冠以佛教的名義，使人們相信佛教的思想與某些修練長生不死的神仙道術一樣或者類似，使得佛教迅速產生變易。這當然與當時的歷史背景有很大的關係，佛教傳入之時，中國境內，在帝國政府的宣導下，正盛行著各類神仙方術，佛教在某種情況下不得不在初期依附於這些道術，以求得立足。但其結果不但沒有達成使中國人快速了解佛教的目的，相反倒使佛教在傳入的第一時間，被中國人快速地誤解，這種誤解甚至延續了將近二千年。但是值得慶幸的卻是不管如何變易，即使變得面目全非，佛教作為一種外來的文化，在中國這塊土地上被保留下來，而免遭如同在印度及中亞被滅絕的厄運。

比利時著名佛教學者拉瓦來·普桑曾用這樣的話來總結佛教：「佛教是一種修持。佛陀只關心得救，他的作為限於指出解脫之路。這個故意的限制是他的力量所在，又是他的弱點。一種修持極容易適應任何宗教的框架，佛教在亞洲得以廣泛地傳播，可能就是這個主要原因。……因而在印度，傳統的婆羅門教從佛教汲取了營養——這也是事實——之後，最終戰勝了佛

唐代寫經 唐天佑四年（西元907年）

教這個『異端』。」（《佛教》第二章〈法〉亨利．阿爾馮）這段文字所表達的內容，聽來雖然有些殘酷，但並不違反現實，佛教的易於變易，使它具有很強的適應力，而同時也易於使它迅速地變得面目全非。它導致佛教在最終不得不出現一位或數位乃至不可數的永恆不變的超人，只不過他們不再是其他宗教中的上帝、神仙，而是被貫以佛教化的名稱佛、菩薩，但這些佛與菩薩已經不再等同於他們原始的屬性。

常聽一些人說，要看一個人的道德修養，就看他平時的待人接物、為人處世；要看一個人的修行，就看他臨死前的行為和樣子。我們不妨來看一看這位人間導師，對待將要來臨的死亡是一種什麼樣的表現。

西元前四八六年的一天，釋迦牟尼對他的弟子講了這樣一段話：「我今年已經八十歲了，人老體弱，已經到了生命的終點。如同一輛破車，只能在皮帶的捆綁下才能移動，並需要別人的攙扶。」（《佛陀與佛法》第十四章 斯里蘭卡 那爛陀著）實際上在這之前，他的身體已經在承受著重病的折磨，據說他一直處在劇烈的疼痛中。從現有的資料裏，我們無法判斷他的具體病情與病因，如果從前面曾經做過的敘述看，有可能是腰腿方面的疾病，所以除了疼痛還影響到行動。但是他確實像是用皮帶把自己綁起來一樣，堅持行走。因為他覺得就這樣死去，沒有向大家作最後的交代，是不妥當的。（《佛陀與佛法》第十四章 斯里蘭卡 那爛陀著）據說，他堅持用禪定的方法，使自己漸漸加重的病痛稍趨緩和。此時的僧團成員都分布在各處，把大家集合起來是需要時間的。

早在釋迦牟尼僅有六十名弟子的時候，他就要求這些弟子到各處去傳播他的教法，為了能使他的學說盡量廣泛地得到宣傳，他要求弟子們不要兩個人同去一個地方，此時他本人也會到各地去說法。（《大品》資料來源：《佛陀與佛法》第十四章 斯里蘭卡 那爛陀著）這種雲遊說法的習慣在早期的佛教中一直延續著，但每一年的雨季這些外出去集法的弟子都會按時回到他的身邊，一起完成三個月的坐夏（也稱結下安居，一般在每年的六月到九月之間。因為雨季不便外出，弟子們集合在一起，在導師的指導下進行集體淨修，有些人稱之為佛教中的教師進修制度）。

自己是最後的島嶼

在後面的一段日子裏，他開始不停地與跟隨他的阿難交談，在這些交談中，我們得到了很多重要資訊。首先他告訴阿難，他不像一般的教師，在傳授教法時，故意留一手。他的教法沒有顯、密之分，在真理面前人人平等。這一點使我們能夠了解到他的教法是公開的，而不是秘密的。（《佛陀與佛法》第十四章　斯里蘭卡　那爛陀著）隨後，談到僧團的問題，他否認了自己是僧團的領導者，並反對僧團應該依附於他的說法。這說明他反對僧團成員在未來始終把他當作外在的領袖來崇拜。他想在僧眾心中樹立一個權威，那就是他宣示給大家的真理——「法」。所以他提到，僧眾們要以自己為島嶼，為依止。以法為島嶼，為依止（四念處），不要外求依止。（《佛陀與佛法》第十四章　斯里蘭卡　那爛陀著）意思是要靠自身的努力，使自身得到解脫，而不是靠祈禱或是依靠他人（包括釋迦牟尼本身），因為佛陀是學法的導師，但並不能因為對他的信仰與崇拜而得到解脫，必須經過自身的努力才能做到。因為，釋迦牟尼從沒有自詡為因自救而能自由拯救他人的救世者，（《佛陀與佛法》第三章　斯里蘭卡　那爛陀著）所以他認為一個人不能直接純潔或玷污他人（原文：「自造惡自污染，不造惡則自清淨，沒有人能為你淨化」）（《法句經》第十二品・一六五偈）這顯然也包括了他自己。

在這個過程中，發生了一件事情。據說釋迦牟尼曾向阿難暗示，他可以利用「四神足」（又名四如意足，也就是用四種定力攝心，使定慧均等，神力充沛，所願皆得，故名如意足。四神足者：欲神足是欲望成就，勤神足是精進無間，心神足是一心正念，觀神足是心不馳散。——參見《佛學常見辭彙》），將自己的壽命再延長一個阿僧祇劫（kappa 古印度的一種時間單位，約合一百年。）或更長的「中間劫」（kappavasesam 相當於一百二十年）。據說阿難沒能理解這話的意思，放過了請求佛陀再住世一劫的的機會。（《佛陀與佛法》第十四章 斯里蘭卡 那爛陀著）這一記載是否可靠，我們暫且存而不論。

後來有一天，佛陀召集他的部分弟子，向他們提出自己將要離世的日期，並向他們作了一些開示。據經中記載，當他向弟子們宣稱三個月後他將進入涅槃後，大地開始震動，這與經中對於他出生時情況地描述類似，後來阿難驚惶地跑來詢問。經中借用釋迦牟尼之口，說出了一番有關地震的八種因緣，其中除第一種因緣是自然現象所引起外，其他都與神通、菩薩降生、成道、說法、涅槃有關。（《佛陀和原始佛教思想》第二章：佛陀 第八節：進入涅槃 郭良鋆著）這些解釋顯然與地震的真實原因有很大的差距，如果這些話果真出自釋迦牟尼之口，那麼我們很難理解為什麼他始終對於那些玄妙問題避而不答了？這很可能是當時印度人在對自然現象並不理解

釋迦牟尼說法圖 局部 清代木刻版畫

地情況下，根據古代神話杜撰出來的，恐怕不會出自釋迦牟尼之口，所以對於此類描述，我們姑且存疑。

之後他在阿難的扶持下，在河中洗了最後一個澡。因為此前他吃了最後一頓由一位鐵匠供養的肉食（也有說是一種菌類）。飯後釋迦牟尼感到腹痛，但一直忍受著沒有出聲。他決定繼續行走，經中記載他在阿難的幫助下，步行到六十公里外的拘屍那羅，因為他想在這裏度過他的最後時光，從經中的敘述，我們可以知道，這段行程中，佛陀幾次向阿難提出停下休息，可見他的身體已經非常虛弱。

沐浴後他突然想起那位供養他最後一頓齋飯的鐵匠，於是告訴阿難，由於那位鐵匠供養了最後一頓飯後，使得他圓寂，可能會遭至怨恨，這種怨恨和抱怨是必須要受到制止的。並且要轉告鐵匠本人，他的供養使如來證入涅槃，這是他的福報與無上功德。所有針對於鐵匠的指責，必須被迅速平息。

他對阿難說，他本人不應受到尊敬、禮待、頂禮、崇拜、讚美。如果那些佛教四眾弟子們（比丘、比丘尼、優婆塞、優婆夷）依法而住、如禮修習、以法正行，此人就是對如來最大的尊敬、禮待、頂禮、崇拜、讚美。所以他勸導阿難訓練自己，能夠依法而住、如禮修習、以法正行。這是釋迦牟尼離世前最後一次明確強調不要對他本人進行表面形式上的個人崇拜，尊行與實踐他的法，才是對他真正的尊敬、頂禮和讚美。這再一次讓我們聯想到他曾經對弟子提到的「以自己為島嶼，為依止」的勸告。可見，在釋迦牟尼時期及其後來的一段時期裏，佛教是重視通過自身的努力與實踐，達到個人的覺悟與解脫，而盡量避免人們的一種錯誤觀念，認為只要對釋迦牟尼本人進行各種形式的崇拜，就可以達到目的。這與那些非理性的神教，有著本質的區別。當然，這也促使我們不得不檢討佛教在後來二千五百年的發展過程中，是否還在遵循釋迦牟尼的最後遺教？

緊接著，有一位外道行者，從遠道趕來，在這個特殊的時刻，要求面見釋迦牟尼，遭到阿難非常嚴厲的拒絕。但最終，在釋迦牟尼的過問下，他還是來到了這位將要離世的導師面前。

他向釋迦牟尼提出了一個問題：一些著名的沙門和婆羅門領袖，他們都是著名的導師和教主（此處他提到當時著名的六位導師，這些導師所屬的學派，被佛教成為六師外道），受到世人的推崇，他們是否像他們自己宣稱的那樣通曉一切？是否覺悟了最終的真理？或者說他們中間的某些人已經達到這個目標？因為他們都有自己的教派和與眾不同的主張？釋迦牟尼並沒有直接回答他的問題，他說道：你不用費心地去探討誰已經掌握了真理，或者沒有。有一個最簡單的方法可以驗證，那就是無論哪一派，他的學說裏沒有「八正道」的教法，他們就沒有初果（初果須陀洹，華譯為入流，意即初入聖人之流）、二果（二果斯陀含，華譯為一來，修到此果位者，死後升到天上去做一世天人，再生到我們此世界一次，便不再來欲界受生死了）、三果（三果阿那含，華譯為無還，意即修到此果位者，不再生於欲界）、四果（四果阿羅漢，華譯為無生，意即修到此果位者，解脫生死，不受後有，為聲聞乘之最高果位。）。相反如果有「八正道」，就會有初果乃至四果（《雜阿含》卷三十五・九七九經》。這種說法使人更容易區分佛教，與其他教派的不同。其實這種區分方法，同樣適用於佛教的自我檢驗。

所謂八正道，是釋迦牟尼總結的通向覺悟的必由之路。包括：正見（即正確的知見與認識）、正思維（即正確的思考）、正語（即正當的言語）、正業（即正當的行為）、正命（即正當的職業或生活）、正精進（即正當的努力）、正念（即正確的觀念）、正定（即正確的禪定）。被合稱為「八正道」（《雜阿含》卷三・七一經）。正見是八正道中的第一條，也是其他七條的基礎內容。八正道中將正見放在首位，正是因為知見的正確與否，直接影響到後面的思維、話語、行為、職業、精進努力的目標、觀念及其禪定的正確性，這主要是指對佛教原理的正確理解。如果知見出了偏差（邪見），那麼後邊的一切都會出問題（《雜阿含》卷二十八・七八七、七八八經）。

所以正思維，就是在正見指導下正確地思考（正思維，也譯作正志或正欲，是有正確欲念的意思。），正思維可以理解為在正確知見的指導下通過求索、思量、思辨的過程，得到正確地欲念。

正確地思考過程完成後就會有正確而得體的言論（正語）。接下來就會有正確的行為（正業）；和正當的生活、謀生方式及手段（正命）；這樣一來，在佛法的學習與實踐方面就會走中道，而不會行兩端（正精進）；在正知、正行的基礎上，心念就會住於所修之法，心不馳散（正念）；最後，在這種狀態下進行禪定思維，就不會出現偏差（正定）。

禪定是佛教實證中最重要的一個環節。其實佛教禪定與印度其他教派的禪定，從形式上看是非常相近的。我們前面也曾提到，禪定或稱作瑜伽，作為一種文化現象，在印度已有五千年的歷史，是亞利安人進入印度以前就有的。禪定按照層次不同，被人為地劃分為四禪、八定。

因為禪定的最初步驟，是訓練禪者將意識集中在一念之上，這一念以外的雜念就會漸漸平息，當這種訓練達到目的時，禪者會有某種快樂的感受（禪悅）。隨後必須將這種樂受捨棄，才有可能進入更高的次第。但是很多禪者會在某種層次的禪定中貪愛那種樂受，無法繼續突破，而誤認為已經證悟到最高境界。

密宗佛像 金銅

印度許多教派都認為涅槃是最終真理，但對於涅槃的解釋卻是五花八門。這可能是由於他們禪定次第的不同，誤將某種定境如：美麗的「天界」、虛無的「空界」視為涅槃境界。婆羅門教認為個人靈魂與宇宙靈魂合而為一時即是涅槃境界；耆那教則認為個體靈魂與宇宙靈魂永恆的分離，並各自恢復平衡的時候，就是涅槃；（《佛教》〈法〉亨利．阿爾馮）佛教對涅槃的理解則與眾不同，它用油燈「熄滅」來形象地比喻涅槃，好似熄滅的油燈，不會再傳遞火焰一樣。佛教認為生死流轉是一種不斷延續的現象，只有斷絕這種流轉才是涅槃的境界。其實釋迦牟尼時的佛教更重視現實中的涅槃，換句話講就是人活著也可以證得涅槃，當然這是佛教修證的理想境界。因為釋迦牟尼從來沒有特指修行有成的人必須經歷死去的過程方可證到涅槃。不客氣地講，生前無法證到涅槃的人，死後更不可能達到這個目標。因為釋迦牟尼對涅槃的定義非常明確，他曾對一位弟子說：「滅除貪愛，就是涅槃。」（《雜尼迦耶》二．一九〇）在另一部經中，他曾以自身的經歷，具體地描述涅槃的情況：「（因為）我自己處在生中，知道了生的危害，我追求無生，無上的解脫——涅槃，（所以）我獲得了無上的解脫——涅槃；（因為）我自己處在老中，知道了老的危害，我追求無老，無上的解脫——涅槃，（所以）我獲得了無上的解脫——涅槃；（因為）我自己處在病中，知道了病的危害，我追求無病，無上的解脫——涅槃，（所以）我獲得了無上的解脫——涅槃；（因為）我自己處在死中，知道了死的危害，我追求無死，無上的解脫——涅槃，（所以）我獲得了無上的解脫——涅槃；（因為）我自己處在苦惱中，知道了苦惱的危害，我追求無苦惱，無上的解脫——涅槃，（所以）我獲得了無上的解脫——涅槃；（因為）我自己處在汙穢中，知道了汙穢的危害，我追求無汙穢，無上的解脫——涅槃，（所以）我獲得了無上的解脫——涅槃。我獲得了智慧和見解，我的解脫堅定不移……。」（《中尼迦耶》第二十六〈聖求經〉，對應漢譯《中阿含經》第二〇四〈摩羅經〉）在他看來，生、老、病、死、苦惱、汙穢等等都得到寂滅，就是涅槃、就是解脫。用他身邊智慧第一的弟子舍利弗的話講：「（涅槃）就是滅除貪（貪是貪愛五欲），滅除瞋（瞋是瞋恚無忍，也就是生氣發怒），滅除癡（癡是愚癡無明，不能明辨真理）。」（《雜尼迦耶》第三十八《閻浮車集》）這已經很明白地宣示了涅槃的真相。所以當一位自以為對佛法有高深見解的比丘對舍利弗說：「如果一位比丘諸漏已盡（即漏盡，也就是煩惱盡）他的身體瓦解時，它就毀滅，死後不再存在」。在這位比丘看來，涅槃，就是瓦解、毀滅或不存在。這句話被舍利弗毫不客氣的指責為等同於外道的斷滅論。（「斷滅論」是古印度的一種唯物論學派。創始人阿耆多・翅舍欽婆羅（Ajita Kesa Kambala），這一學派，在印度比較古老，他們認為整個世界的物質基礎就是「地」、「水」、「火」、「風」四種元素，稱為「四大」，這四種元素是長久、獨立存在的，人和世界都是由此四大組成，人死後身體回歸「四大」，沒有靈魂的存在。此外不承認有一個超越物質的「梵天」，反對「梵天」創世說。此外他們還認為，肉體與精神是高度統一、共生共滅的。人的意識是由「四大」和合而生、「四大」分散而亡，反對靈魂的存在。反對婆羅門至上，他們否認有來世、輪迴、天堂地獄。認為唯一可信賴的是自己的認識、感知和經驗，反對虛無的崇拜，只有在現實世界中才實現自己的幸福。）（《雜尼迦耶》第二十二〈集蘊〉）他提出無所謂現世和死後是否存在，因為組成「我」的「五蘊」本身就是無常，所以也就沒有「我」的瓦解和毀滅，更談不上「我」入涅槃。所以佛教鼓勵從根本上對「五蘊（我）」無常的本質，進行深入地觀察，以從根本上否定「我」（無我）的存在，而並非思索現世的「有我（或輪迴）」和死後的「無我（或斷滅）」或死後的「永生（或涅槃）」這類玄奧的哲學問題。這個「無我」聽起來似乎非常費解，但按照佛教的學說，深入思維也並非不可理解。因為一切外道的前提都有一個「我」的生成、「我」的存在，和「我」的死去等等，所以對死去之後的狀況就有各種解釋，有說斷滅（一切都不存在）；有說永生（常住不滅）；有說投胎轉生等等。不管這些狀況是通過外力還是自身業力所達成，總之一個前提就是有「我」。而釋迦牟尼則將主要的精力放在觀察這個「我」上，他最終發現，「我（五蘊）」是無常的，是剎那生滅的。覺悟後的釋迦牟尼獨具慧眼地提出「無我」，這個生、死、輪迴的前提被否定了，那麼輪迴與涅槃的真相也就大白了。如果你的見解中有「我」，那麼就會墮入輪迴；相反你的觀念已經達到「無我」，並且完全契合「無我」的修行成就，你就可以達到涅槃，因此哪裏還有什麼可以言說的涅槃境界呢？

釋迦牟尼剛出家時曾先後投身到當時兩位著名瑜伽師的門下，學習了「無所有處定」（空界定）和「非想非非想處定」。當時的兩位老師很可能都認為他們自己已經證悟到最高真理，所以開門授徒。這兩種禪定後來都被釋迦牟尼視為外道邪定，也就是說停留在這兩種深定的境界上，即使感受到「空」的樂受，仍不是最終真理。成道後，釋迦牟尼曾談到一個人從凡夫到涅槃，所經歷的十個等級：

引路菩薩（出自敦煌藏經洞）唐 佚名 絹本設色

這是一幅體現淨土信仰的佛教繪畫作品，信仰者命終時，某菩薩即會前來引路，將亡者引向極樂世界往生。畫中的菩薩是一位留著印度式小鬍子的男性形象，但是他的容貌顯然已經完全漢化，更準切地說是已經完全「唐化」。

一、是感官快樂，感受世間的一切，這只是停留在一般人的境界上；二、是進入初禪，這種禪悅已經擺脫了粗淺的欲樂，獨自寂靜，禪定中有思辯，有思慮；三、為第二禪，禪定進入了深一層的境界，內心平靜，思想集中，無思辯，無考慮；四、為第三禪，擺脫了二禪所帶來的歡喜，一視同仁，神志清醒享受快樂；五、是第四禪，快樂和痛苦都被摒棄，擺脫了過去的喜悅和憂愁，無痛苦、無快樂，一視同仁，神志清醒；六、空無邊處，徹底消除物質感知，不再有感覺反應，不再有各種想法，思維「識無邊」；七、識無邊處，超越空無邊處，思維「識無邊」；八、無所有處，超越「識無邊」，思維「無所有」；九、非想非非想處，超越「無所有」，思維「非想非非想處」；十、想受滅，超越非想非非想，寂滅全部念想和感受（參見《中尼迦耶》第五十九《多受經》）。這是一個由淺入深的禪定過程，這個過程很有可能因為禪者知見上的錯誤，而使禪定停留在某個中間階段，這種停留很可能會使禪者，誤認為他已經證入涅槃。然而在釋迦牟尼看來，只要沒有達到最終的「想受滅」，就可以稱為「外道邪定」，因為前面各種層次的禪定，在他覺悟之前都已經做到了，但他並沒有得到最終的真理，所以才苦行六年，由於知見上的突破，而最終剪斷「無明」的巨網，成就了佛教獨有的涅槃正定。所以覺悟後的釋迦牟尼提出，正見是實現正確禪定的必要條件。

八正道的排列是有先後順序的，如果說正見，是洞見真理的眼，那麼正確的行為（正語、正業、正命）就是修證道路上的資糧，正定則是走近真理的腳，那麼禪定所證悟的就是究竟的真理——涅槃。所以八正道就成為佛法實踐的中心，釋迦牟尼認為不得八正道者，是無法證得果位的。

這位外道聽到釋迦牟尼有關八正道的學說後，明白八正道是當時佛教所特有的，表示同意，並說出自己的感想：「世尊所說的法，就像扶正摔倒的東西，揭示隱蔽的東西，給迷路者指路，在黑暗中舉起燈，讓有眼者能夠看見東西……。」於是立即提出皈依佛門，釋迦牟尼按照以往的規則提出，做為外道行者，想要歸依佛門，必須先要獨居四個月，以示考察，期滿後徵得眾比丘的同意，才可履行出家儀式，成為正式僧人，這位外道聽後提出，願意獨居四年接受考查。釋迦牟尼見到他如此堅定，於是要求阿難立刻為這位外道舉行出家儀式，因此他有幸成為釋迦牟尼涅槃前最後一位親傳弟子。（《雜阿含》卷三十五・九七九經）

涅槃的真相

這一夜中似乎發生了很多事，阿難跑來跑去非常忙亂，他突然想到應該向佛陀請示一下他身後舍利如何安置。釋迦牟尼告訴他，他現在應該關心的是自己的善業（這裏的善業是指阿羅漢果位，據說此時的阿難還沒有證到阿羅漢果位，而是在導師釋迦牟尼滅度後不久證得此果位的。），作有利於自己成就善業的事情，舍利的事情，自然會有其他人安置。阿難此時想到導師馬上就要離開自己，心中難過，於是跑到一間屋裏，手扶門閂哭泣道：「我還是個學子，學業未竟，導師就要進入涅槃。」釋迦牟尼吩咐一位比丘將阿難叫到身邊，對他說：「別悲傷，別哭泣，阿難！我不是反覆說過？我們必定與親愛者分離。凡出生者，存在者，聚合者，必定毀壞。怎麼可能不毀壞？」（《佛陀和原始佛教思想》第二章：佛陀 第八節：進入涅槃 郭良鋆著）然後，他像對待小孩一樣，讚美了阿難一番，並對他的德行給予了很高評價。然後吩咐阿難去召集那些弟子們來見他。

最後的時刻將要來到，釋迦牟尼正念右臥，神情安詳，此時病痛似乎完全離開了他的身體，他對弟子們做著最後的教導。

他對阿難說，他離開後，弟子們不要認為「法」失去了導師。他所宣說過的法和律，就是導師。他提出目前僧團內部，比丘們相互稱呼朋友或兄弟，今後可以改變這種稱呼，年長者可以稱呼年少者族姓、名字，或稱朋友，而年少者應該稱呼年長者為尊者或長老。他用一種建議的口氣提出，將來僧團可以依據實際情況將一些小的戒律捨棄。由此分析，釋迦牟尼臨終前可能認為當時的一些戒律，過分繁瑣，或過嚴，因此才提出這項建議的。

這一建議，在釋迦牟尼滅度後弟子們進行的第一次佛經結集中，被首席長老大迦葉否決。這位資深長老是釋迦牟尼的大弟子，無論從資歷還是修證方面都被認為是頂級的人物。他在佛陀滅度後為了完整而準確地保留釋迦牟尼的說教，決定召集比丘們對佛經進行一次系統的整理，當然也有以正視聽的作用。於是五百比丘在佛滅度後的第一個雨季集合在摩揭陀國首都王舍城的七葉窟，這次經典整理工作得到摩揭陀國王的支持，經過三個月（或說七個月）的努力，終於形成了統一的經典。但這些經典仍是口傳本，而非寫經本，因為那時還沒有文本記錄佛經的習慣。因為這次結集是以大迦葉為代表的頭陀行派（華譯為抖擻，即抖擻衣服、飲食、住處等三種貪著的行法。修頭陀行者要遵守十二條規則，叫做「十二頭陀」。俗稱行腳乞食的僧人為「頭陀」，亦稱行者。——見《佛學常見辭彙》陳義孝編）的長老們為主，所以不能完全代表整個僧團。最初阿難也被排除在外，但因為他曾是佛陀生前侍者在僧團中具有重大的影響，結集佛陀的說教卻把與佛陀最親近的弟子排除在外，這顯然不太合適。所以最終阿難被邀請加入五百比丘組成的僧團擴大會議，並作為主講將佛陀以往的教導一一誦出，與會者一一印證後方固定下來，形成權威範本。由大家一起會誦，深深記入每位比丘的腦海；戒律則由那位剃頭匠出身的優波離主講，經過同樣的程式固定下來，這兩部分就形成權威的《經藏》與《律藏》。據說在這次結集中，阿難談到釋迦牟尼允許僧團在他離開後可以將一些小的戒律捨棄，但這一建議引起大迦葉的強烈反對。他認為所有的戒律都應改繼續奉行，而不該捨棄，因而作罷。（《部派佛教》第二章 弘學著）我們注意到，釋迦牟尼的這一建議，在後來佛教的歷史上始終沒有被採納，據說是一些高僧認為，釋迦牟尼當時的建議並沒有使用肯定的口氣，而只是一種假設，並沒有提到具體內容，不知當捨哪條？所以戒律始終沒有被公開修改過，至少記載是這樣的。

接著，釋迦牟尼對阿難談到對一位經常犯戒的比丘如何處置的問題，這位不聽教戒的比丘，就是當年秘密護送釋迦牟尼出城的那位車夫。他可能是在釋迦牟尼成道後回到家鄉時，皈依佛門的，看來這位車夫儼然認為自己護送當年的王子有功，越發地不聽管教。釋迦牟尼提出，他離開後，大家要對這位比丘施以「梵杖」，阿難聽後不解，釋迦牟尼解釋道：「對於這位比丘，無論他想要什麼，說什麼，眾比丘都不要理他，不要勸他，更不要訓他。」這種方法的確非常高明，對於那種不聽教戒、不尊禮儀，又不犯大戒的人，與其給予無效的訓斥、勸說，不如對其予以「冷處理」，讓他自己去想清楚。很明顯，釋迦牟尼在最後時刻，為了保持僧團的和睦，為他的弟子們想得非常周全。

此時我們可以注意到，他這些重要的臨終囑咐都是面對阿難說的，可以想見，他的身體十分衰弱，可能已經沒有力量大聲講話了，但是作為一個負責任的僧團領袖，他必須憑藉自身強大的毅力，完成他最後的使命。

釋迦牟尼向弟子們提出，如果大家在佛法的修學與實踐方面還有什麼疑問，他將作最後的解答，免得他離去後，大家後悔？弟子們一片沉默。此後釋迦牟尼連續問了三次，大家仍然繼續保持沉默。他繼續問道：「或許你們出於對導師的敬重，不願提問，那麼大家以朋友對朋友的方式提問。」大家仍然沉默不語。最後他對這些弟子們說道：「眾弟子們，你們要仔細聽，一切因緣和合的事物，本身就含有壞滅與無常（在這裏主要指人的生命。），大家應該精進努力，心不放逸，證得道果！」。（《南傳大般涅槃經》第六章七）這就是他最後對弟子們所說的

「法」。

經中對這位人間導師的最後時刻，作了這樣的記載：此時釋迦牟尼開始進入初禪，次第進入二禪、三禪、四禪。從四禪入空界定（空無邊處）、入識處定（識無邊處）、入無所有處定、入非想非非想處定、入滅想定。然後反向又從滅想定入非想非非想處定、入無所有定、入識處定，直至初禪，此後又從初禪入二禪，直至四禪，由四禪進入涅槃（《南傳大般涅槃經》第六章八、九）。

據經中記載，釋迦牟尼的這一出入不同禪定境界的過程，被他的一些具有「天眼通」弟子們看到。從滅想定中返回到初禪，是為了表明，他並沒有停留在深定的禪悅中，而是最終捨棄這種感受，進入「涅槃」。如果這是事實的話，那麼這很可能是他最終的教導與示範。（《南傳大般涅槃經》第六章九）。

據說此時大地震動，天上鼓聲迴盪，比丘中有些人突然痛哭失聲，他們為導師的離去，感到心痛。有一位比丘對那些痛哭者說道：「朋友們，不要悲傷、哭泣，世尊說過，我們必定要與親愛者分離，凡出生者、存在者、聚合者，必定毀壞，怎麼可能不毀壞呢？」很多人聽到這句釋迦牟尼生前多次講過的話，立即提起正念，思維導師「諸行無常」、「諸法無我」的真理……。這位千古難遇的人間佛陀，終於離開了他的弟子，離開了他深愛的國土和他灑滿慈愛的人間。正如那爛陀長老所說：「佛陀是人，生於人間，長於人間，作為佛陀，他結束了一生，但作為人，他具有獨特的個性，而成為非一般人。……他沒有留下任何餘地使人誤認為他是永恆者。有人說，沒有一位宗教導師像佛陀如此『無神』，但又沒有一位像他這樣神聖。勿庸置疑。在那個時代，佛陀備受其信徒的尊敬，不過他從來沒有宣說自己的神威性。」（《佛陀與佛法》第三章：佛那爛陀長老著 釋學愚譯）

佛陀涅槃 敦煌莫高窟150窟

佛經顯示釋迦牟尼涅槃日，是陰曆二月十五日，懸於他臥榻之上的那輪明月，圓滿明淨，就像他一生光明磊落的人格，究竟圓滿的智慧。他的學說也如同這皎潔的月光一樣，在為黑暗的宇宙中為行路的人照亮通往真理的道路，而永不熄滅。

真所謂「一燈能除千年暗，一智慧滅千年愚」！這位偉大的佛陀，八十年豐富而美麗的人生，就在這個晴朗的月圓之夜，畫上了圓滿的句號。

大約二千五百年後，英國學者維爾斯在他的《歷史三偉人》一書中用這樣充滿情感的筆調評論道：

「在佛陀身上，你可以清楚地看到一個樸質、熱忱、寂靜、為光明而戰之人；一個非神秘而是鮮明的人道個性。他教給人類宇宙之體性。許多我們現代最完善的觀點與佛教緊密一致。他教導我們，生命中的一切痛苦和不快都是來源於自我。在人類還沒有達到安寧之前，一個人必須不再為其感官和自我而生活，然後才能跨入偉人之行列。佛教以不同的語言使人們知曉早於基督五百年前之事。但是，在某些方面佛陀更接近我們和我們的需要。在宗教生活中佛陀比基督更使我們明確了每一個人的重要性。但在個人永恆這個問題上他並非模稜兩可（《佛陀與佛法》第三章〈斯里蘭卡〉那爛陀長老著）。」

尾聲

釋迦牟尼滅度後，他所創立的僧團，遵循他的教導維持了一百多年和睦相處的狀態。一百多年後，這個團體由於對導師教法的歧見，開始分裂為上座、大眾兩個對立的部派，稱根本二部；隨後的一百多年裏，分裂進一步加劇，先後分成十八部（或說二十部），稱技末部派；

西元前三世紀，佛教開始向南亞和中亞兩個方向傳播。

西元（紀元）前後，大乘佛教的最初團體，「菩薩眾」出現；

西元（紀元）前後，佛教傳入中國。

西元一世紀，大約在佛陀滅度五百年左右，大乘中觀學派興起。大乘佛教學者龍樹、提婆及其弟子們，將中觀學說推向顛峰，因為內部對中觀的理論有不同的解釋，後來分為自續派和應成派；

西元二世紀，佛教由中國傳入越南。

西元四世紀，佛教由中國傳到朝鮮；

西元四—五世紀，佛教由斯里蘭卡傳入緬甸。

西元五世紀，佛教傳入印尼的蘇門達臘、爪哇、巴厘等地。

佛陀涅槃 敦煌莫高窟150窟冬季清晨的戒台古寺 北京

西元五—六世紀，佛教傳入扶南（柬埔寨）。

西元五世紀，大約佛陀滅度九百年左右，大乘瑜伽行派興起。其學者無著和世親及其弟子們，創立了唯識學派，並將其大乘瑜伽行派的哲學理論發揚光大；

西元六世紀，佛教由中國經朝鮮傳到日本。

西元七世紀以後，大約佛陀滅度一千年後，秘密教（佛教密宗學派）開始流行，到八世紀以後，與印度教相接近，顯教中觀派和瑜伽行派逐漸融合起來作為密教堅實的理論基礎。

西元七—八世紀，，佛教分別由印度和中國漢地傳入西藏。

西元九世紀以後，大約佛陀滅度一千二百年後，密教開始廣泛盛興，形成金剛乘、俱生乘和時輪乘。

西元十一世紀起，大約佛陀滅度一千四百年左右，伊斯蘭教隨同阿拉伯人的侵略進入東印度各地，西元十二世紀，佛教由斯里蘭卡傳入泰國。

西元十三世紀初，由於伊斯蘭教的大規模擴張，佛教在印度徹底消亡。

西元十九世紀末期，佛教在印度沉寂了約七百多年後，又從斯里蘭卡傳回印度，佛教開始在印度小範圍內復興。

西元十九—二十世紀，佛教傳入歐洲、北美。

大地 HISTORY 叢書介紹

帝國政界往事－西元1127年

作者：李亞平　　　　大宋實錄

定價：250元

西元1127年，即北宋靖康二年，南宋建炎元年。

這一年，北宋帝國覆滅，南宋帝國在風雨飄搖中宣告誕生。

中國人陷入長達十餘年的兵凶戰亂、血雨腥風之中。

帝國首都汴京淪陷敵手，金人立張邦昌為大楚皇帝；帝國的兩位皇帝宋徽宗趙佶，和他的大兒子、宋欽宗趙桓，被擄掠到了金國，北宋就此滅亡。宋徽宗的第九個兒子康王趙構僥倖脫身，逃往南京，就是今天的河南商丘。建立南宋帝國，改年號靖康二年為建炎元年，成了大宋帝國的第十位皇帝，也是南宋的第一位皇帝，史稱宋高宗。

這一年，本書所涉及到的人物，情況各不相同。他們當中，有一些被認為需要對本年所發生的一切負責，有些則被本年度發生的一切改變了命運，這種改變有時表現得相當徹底，成為令人無法釋懷的帝國政界往事。

大地 HISTORY 叢書介紹

帝國政界往事－大明王朝紀事

作者：李亞平

定價：280元

朱元璋所創建的的大明帝國，將中國的帝制文化傳統推到了極致，是中國兩千年帝王政治的集大成者。其對於中國政治傳統，文化傳統的影響既深且巨，以至於六百年後的今天依然清晰可見。

本書在刻畫朱元璋其人的容貌與作為上，相當傳神，這裡對其相貌的描述，顯然更接近未經藝術加工的那幅標準像，這兩幅畫所揭示出來的東西，具有重大的現實和深遠的歷史意義。

作者透過不同角度深入剖析大明歷史，把濃厚的現實情懷和歷史巧妙的結合起來，從浩瀚如海的歷史資料中篩選出大量不為歷史學家重視的情節，重新演繹社稷更迭的歷史故事，透過本書您可以更直接、更真切的重新審視歷史。

大地 HISTORY 叢書介紹

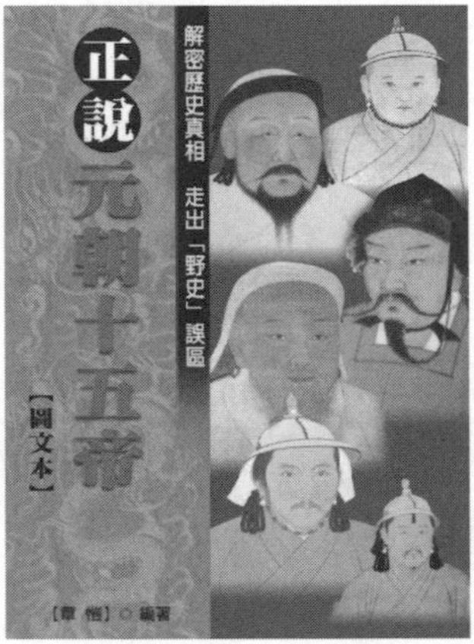

正說元朝十五帝

作者：章愷

定價：250元

蒙古地區，自古以來是諸游牧部落的活動場所。自夏、商以來，大大小小的部族和部落出沒在這塊廣闊的草原地帶，各部族和部落的興衰、更替的歷史，直到十三世紀初才告結束，最終形成了穩定的民族共同體——蒙古民族。而在這個偉大的民族中也產生了一個偉大的黃金家族。蒙古人建立了中國第一個少數民族統一的政權，大元帝國的疆域在中國歷史上是空前絕後的。成吉思汗在蒙古族統一中國的歷史進程中發揮了重要的作用並產生了重大的影響，而了解蒙古起源的歷史對於了解人類歷史上版圖最大的王朝——元朝有重要的意義。本書詳述元帝國十五帝，對於想了解元朝歷史的讀者，本書是絕佳讀本。

告訴你一位真實的佛陀 ／ 朱岩著. -- 一版. --
台北市 ： 大地, 2006〔民 95〕
面 ： 公分. --（大地叢書 ： 13）

ISBN 986-7480-52-X（平裝）

1. 釋迦牟尼（Gautama, Buddha, 560 – 480 B. C.）
– 傳記

229.1 95009673

告訴你一位眞實的佛陀

大地叢書 13

作　者	朱　岩
發行人	吳錫清
主　編	陳玟玟
出版者	大地出版社
社　址	114台北市內湖區內湖路二段103巷104號
劃撥帳號	0019252-9（戶名　大地出版社）
電　話	02-26277749
傳　眞	02-26270895
E-mail	vastplai@ms45.hinet.net
美術設計	普林特斯資訊有限公司
封面設計	洸譜創意設計股份有限公司
印刷者	普林特斯資訊有限公司
一版一刷	2006年6月

大地

定　價：250元